PAPAS

JOSÉ MARÍA ZAVALA

Papas

Tras los muros del Vaticano: del papel de Pío XII en la Segunda Guerra Mundial a Francisco, el Papa mediador

PLAZA & JANÉS

Papel certificado por el Forest Stewardship Council®

MIXTO
Papel procedente de fuentes responsables
FSC® C117695

Primera edición: septiembre de 2021

Printed in Spain – Impreso en España

ISBN: 978-84-01-02132-9
Depósito legal: B-10.586-2021

Compuesto en M. I. Maquetación, S. L.

Impreso en Rotoprint by Domingo, S. L.
Castellar del Vallès (Barcelona)

L 0 2 1 3 2 9

Penguin
Random House
Grupo Editorial

A los buscadores infatigables de la verdad

Índice

Agradecimientos

A Macarena Fedriani, por su acreditada amistad, y a mis editores David Trías y Cristina Lomba, con quienes afronto esta nueva aventura editorial sobre un tema tan fascinante como misterioso: la historia de los papas.

A mi legión de lectores y seguidores en redes sociales, que no cesan de animarme a seguir contando la historia con amenidad y rigor.

Y por supuesto a Paloma, Borja e Inés, siempre.

1

La tumba vacía

FECHA: AÑO 1939. Pío XII inició las excavaciones arqueológicas bajo las grutas vaticanas para verificar si los restos de Pedro estaban allí, algo que ninguno de sus antecesores había hecho.

LUGAR: ROMA. Monseñor Ludovico Kaas descubrió que bajo la basílica de San Pedro había una necrópolis con sepulturas de influyentes familias romanas, las cuales se hallaban en mal estado.

ANÉCDOTA: El catedrático Venerato Correnti identificó años después los restos de un varón setentón y complexión robusta, que vivió en el siglo I y resultó ser san Pedro.

No debió de ser fácil para el recién electo Pío XII ordenar, en 1939, el inicio de las excavaciones bajo el Altar de la Confesión, donde la tradición situaba la primitiva sepultura del apóstol Pedro, en las mismas entrañas del Vaticano.

Ningún papa hasta entonces había osado emprender algo semejante. Pero el mundo convulso del siglo XX reclamaba a gritos ese tipo de evidencias y el nuevo pontífice vislumbró el momento propicio al descubrir, durante la inhumación de su antecesor Pío XI, un misterioso mosaico.

Comenzó entonces una búsqueda incansable para el orbe católico, dado que en torno a la historia de aquel pescador judío de Betsaida se cimentaban los orígenes de la Iglesia y la historia de los papas, nada menos.

Pedro, cuyo nombre de nacimiento era Simón bar-Jona, hijo de Jonás, fue uno de los discípulos más allegados de Jesús. Su hermano Andrés le presentó al Maestro. Estando a orillas del mar de Galilea, Jesús les dijo a los dos hermanos: «Seguidme, y yo os haré pescadores de hombres». Y ellos dejaron las redes y le siguieron sin titubear.

El nombre de «Pedro» se lo dio el propio Jesús más tarde, al encomendarle el devenir de su Iglesia. Significa «roca» o «piedra», según se emplee el vocablo del arameo o del latín. También le entregó las llaves del Cielo y, con ellas, la responsabilidad de erigirse en líder de su Iglesia naciente.

Tras la muerte y resurrección de Jesús, Pedro inició su apostolado. Sabemos que estuvo encarcelado por orden de Herodes Agripa, pero logró escapar y predicó la palabra de Dios por distintos lugares hasta llegar finalmente a Roma, donde murió crucificado boca abajo por su propia decisión, pues en modo alguno no se consideraba digno de morir como su Señor.

En conmemoración del lugar de su tumba, precisamente, se ubica la Santa Sede en San Pedro del Vaticano. De ahí el hallazgo tan crucial efectuado durante el pontificado de Pío XII.

Aun así, el trabajo no resultó sencillo. Las investigaciones arqueológicas se prolongaron durante diez años, dirigidas por monseñor Ludovico Kaas, quien descubrió bajo la basílica de San Pedro una enorme necrópolis con sepulturas de influyentes familias romanas, las cuales se hallaban en muy mal estado. La razón del gran deterioro debió de ser la propia construcción de la basílica en tiempos del emperador Constantino, así como del baldaquino de San Pedro, obra barroca del maestro Bernini.

Fue entonces cuando se produjo el sensacional descubrimiento: una tumba cristiana abierta... ¡y vacía! Poco después, el papa Pío XII proclamó alborozado en su mensaje radiado de Navidad: «¡Hemos encontrado la tumba de san Pedro!».

La investigación se cerró, sin embargo, con cierto poso de decepción al no hallarse restos y alguna que otra pregunta sin responder. Hasta que la doctora Margherita Guarducci, toda una autoridad en epigrafía griega y paleocristiana, tras dedicar seis largos años de su vida a examinar los grafitos descubiertos en los muros adyacentes de la tumba, logró descifrar por fin las distintas inscripciones hechas con punzón en las paredes del mausoleo.

Tan reveladores, como enigmáticos, eran los mensajes que poco a poco iban saliendo a la luz. «Pedro, ruega por los cristianos que estamos sepultados junto a tu cuerpo», se imploraba en uno de ellos. Y otro era aún más rotundo y esclarecedor: «Pedro está aquí». Por si fuera poco, la doctora Guarducci fue capaz de distinguir también una letra «P» con varias líneas horizontales que simbolizaban la llave del Reino de los Cielos.

Pero lo mejor estaba aún por llegar. Junto a esos grafitos aparecieron algunos restos mortales que Venerato Correnti, catedrático de Antropología por la Universidad de Palermo, estudió con la meticulosidad y paciencia de un entomólogo. Hasta concluir que algunos huesos eran humanos, pero otros correspondían a un roedor atrapado en aquel remoto lugar.

Sus conclusiones resultaron ser fascinantes. Por un lado, se trataba de un varón setentón y de complexión robusta, que vivió en el siglo I. El catedrático Correnti localizó además restos de hilo de oro y cierto tizne rojo que le hicieron pensar que al difunto Pedro se le envolvió en un manto de oro y púrpura para proteger mejor el cadáver.

El mundo recibió con gran júbilo la noticia en 1962, por boca de Pablo VI. «Hemos llegado al final. Hemos encontrado los huesos de san Pedro identificados científicamente por especialistas», concluyó.

Sin embargo, para acallar algunas voces discrepantes, el papa Francisco mostró por primera vez, en noviembre de 2013, el pequeño cofre con las reliquias del apóstol. Su gesto fue interpretado como una intención firme del Vaticano de dar por resuelto el presunto misterio.

Quo vadis?

En la milenaria Via Appia Antica de Roma se encuentra una iglesia pequeña y blanca, la Chiesa del Domine Quo

Vadis, que conmemora una preciosa narración del libro apócrifo de los Hechos de San Pedro. Según esa historia, cuando el emperador Nerón responsabilizó a los cristianos del incendio de la ciudad, estos intentaron escapar de una muerte segura a manos de los romanos.

En esa huida, supuestamente a Pedro se le apareció el propio Jesús y aquel, sorprendido como era lógico, exclamó: «*Domine, quo vadis?*» («Señor, ¿adónde vas?»). Más increíble debió de resultarle aún la respuesta que recibió: «A Roma, a ser crucificado de nuevo». Pedro se quedó de una pieza y, tras una profunda reflexión, decidió emprender el regreso. Sabía lo que le esperaba, pero entendió las palabras de Jesús y decidió afrontar su destino. La célebre película *Quo Vadis* (1951), de Mervyn LeRoy, hizo ya referencia a ese suceso.

2

¿Qué hay de los primeros papas?

FECHA: AÑO 180. El libro *Contra los herejes* (*Adversus Haereses*, en latín), escrito por Ireneo de Lyon, arroja alguna luz sobre la transmisión de las enseñanzas de los primeros papas.

LUGAR: ROMA. Existe una relación de los supuestos primeros papas: Lino, Cleto, Clemente, Evaristo, Alejandro, Sixto, Telesforo, Higinio, Pío, Aniceto, Sotero y Eleuterio. Doce en total, como los apóstoles.

ANÉCDOTA: Lino nombró a los primeros quince obispos, Cleto estableció los hábitos eclesiásticos, Clemente instauró el uso del «amén» y Alejandro I legó el uso del agua bendita.

Se trata de una sencilla pregunta envuelta, aun así, en cierta aureola de misterio. Poco sabemos, de hecho, de aquellos primeros cristianos que a menudo tuvieron que esconderse y enfrentar los peligros de las encarnizadas persecuciones de los emperadores romanos.

Lo más evidente de todo es que los cristianos pioneros se sentían Iglesia ante las circunstancias más difíciles y pertinaces, y que, pese a parapetarse en casas, cementerios o catacumbas, supieron apañárselas de sobra para organizarse en torno a figuras relevantes de la comunidad ocupadas en mantener bien viva la labor de los apóstoles. De entre todos esos líderes, precisamente, emergieron con todo su esplendor los primeros papas de los que se tiene constancia.

¿Acaso no parece un completo milagro que en aquella situación de completo aislamiento, sin medios de comunicación ni libertad de culto, donde la vida de los seguidores de Jesús carecía de valor, la tradición cristiana lograse sobrevivir y llegar hasta hoy con millones de fieles en todo el mundo? Resulta clave en esa continuidad la labor de todos aquellos valientes servidores de Cristo que ocuparon el solio de Pedro a la muerte de este.

Aunque muchos duden de que esos primeros papas tuvieron un papel inequívoco y preponderante como cabezas visibles de la Iglesia, existen documentos que pueden avalarlo sin temor a equívocos. Una de esas luminosas fuentes es sin duda el libro *Contra los herejes* (*Adversus Haereses*, en latín), cuya autoría se debe a Ireneo de Lyon. Datada en el año 180, la obra se compone de cinco volúmenes y arroja luz sobre la transmisión fiel y persistente de las enseñanzas de los apóstoles a todos sus sucesores.

De este modo, contra quienes afirman aún hoy que la primera Iglesia cristiana careció de líderes en los primeros años de su existencia, tras la muerte de Pedro, este libro refuerza la historia del papado universal que el Vaticano acepta como verdadera sin el menor resquicio de duda.

Según Ireneo, en vida del propio san Pedro y en sintonía con san Pablo, ambos nombraron sucesor natural a Lino. Es lógico, por tanto, que, sabiendo las graves amenazas que se cernían sobre ellos, los dos apóstoles quisieran asegurar la sucesión para que las enseñanzas de Cristo perviviesen en el tiempo.

Pero la cosa no acabó ahí. Existe una extensa relación de los supuestos primeros papas: desde Lino, Cleto y Clemente, hasta Evaristo, Alejandro, Sixto y Telesforo, pasando por Higinio, Pío, Aniceto, Sotero y Eleuterio. Una docena de nombres... ¡Como los doce apóstoles!

De modo que, pese a las dudas de algunos, parece obvio que hubo continuidad en la elección de los papas e incluso en su misión o rol en el seno de esa primitiva Iglesia para conseguir, como advertimos, que el legado de Cristo no se perdiera en medio del caos reinante y las circunstancias de gran hostilidad.

En el citado documento y en otros muchos interesantes hallamos las contribuciones de los primeros pontífices a la doctrina de la Iglesia, la mayor parte de las cuales resultan para la mayoría familiares. Juzgue, si no, el lector a la vista de esta curiosa relación: Lino nombró a los primeros quince obispos, Anacleto o Cleto estableció los hábitos eclesiásticos, Clemente instauró el uso del «amén», Evaristo creó las parroquias, Alejandro I legó el uso del agua bendita, Sixto I estableció que el cáliz sagrado solo debía ser tocado por los sacerdotes, Telesforo compuso el *Gloria in excelsis Deo*, Higinio propuso la elección del padrino y la madrina en los bautizos, Pío I instauró la celebración de la Pascua en el plenilunio de marzo, Aniceto prohibió al clero dejarse crecer el pelo, Sotero instauró el Sacramento del Matrimonio (exigiendo que fuera bendecido por un sacerdote), Eleuterio suprimió las costumbres hebraicas sobre la pureza y la impureza de las viandas... Ninguno de ellos se mantuvo con los brazos cruzados, sino que todos y cada uno aportaron elementos doctrinales que enriquecieron la práctica cristiana y que se mantienen hoy vivos por tradición.

En aquellos años, en efecto, se consiguió transmitir con toda fidelidad la doctrina cristiana, conformándose los propios ritos y distinguiéndose del judaísmo con la aparición de nuevas costumbres y oraciones, junto al olvido de algunas prácticas hebreas de tanto arraigo como la circuncisión.

Puede concluirse así que, pese a lo poco que se conoce sobre aquellas primeras figuras históricas, lo cierto e innegable es que todas y cada una de ellas llevaron a buen término su misión y que gracias incluso en algunos casos a sus fugaces y malogrados pontificados la Iglesia sigue hoy viva.

Relación pontificia

Todos los años, la Librería Editora Vaticana publica un interesante *Anuario* con informaciones y estadísticas de lo más variopintas sobre la Iglesia. Uno de los extremos más interesantes de ese libro es, precisamente, el listado histórico de todos los papas reconocidos por la Iglesia católica («Los Supremos Pontífices de Roma», se titula).

En esta exhaustiva relación comprobamos la memoria de los doce primeros papas que sucedieron a Pedro tras su cruel martirio, muchos de los cuales corrieron su misma suerte. Pero no se incluyen en esa lista los nombres de los llamados «antipapas»; es decir, los falsos papas que usurparon el solio de Pedro sin ser reconocidos legalmente, bien por discordancia doctrinal, bien por doble elección en algunos períodos, o por otras causas. Hasta hoy han existido 264 papas y 266 papados. La diferencia entre ambos números se explica porque el papa Benedicto IX accedió tres veces al solio de Pedro.

3

Novaciano, antipapa y poseso

FECHA: AÑO 251. Días después de la elección legítima de san Cornelio como Romano Pontífice, Novaciano se autoproclamó también papa, convirtiéndose así en el segundo antipapa de la historia eclesial.

LUGAR: FRIGIA. Una carta del papa san Cornelio al obispo Fabio de Antioquía sugiere que Novaciano fue poseído poco antes por el mismísimo diablo y sometido a intensos exorcismos.

ANÉCDOTA: Novaciano fundó la secta de los «novacianos», cuya principal herejía consistía en afirmar que la Iglesia no tenía poder alguno para absolver determinados pecados en esta Tierra.

El *Diccionario* de la Real Academia Española resume en tan solo siete palabras el significado de «antipapa»: «Papa elegido irregularmente en oposición al legítimo». Y se preguntará el lector, con razón: ¿cuántos antipapas han existido en la historia de la Iglesia...? El *Diccionario de Trévoux* menciona 28 en total, Hergenrother añade uno más, el abate Vallemont llega hasta los 32, y otros autores reconocen incluso a 42.

Sin embargo, de todos ellos, ahora nos centraremos en una figura muy peculiar, la del sacerdote cismático Novaciano, nacido en Frigia, antigua región de Asia Menor, en la península de Anatolia (Turquía actual) hacia el año 210 y fallecido en el 258. Novaciano fue el segundo antipapa de la Iglesia por derecho propio, pues él mismo se proclamó como tal a los ojos del mundo en el año 251.

La Historia en general, y la de la Iglesia en particular, también se escribe con documentos. Existe así una carta del canonizado papa Cornelio, coetáneo de Novaciano, a Fabio, obispo de Antioquía en aquella época, que habla por sí sola. Una epístola estremecedora sin duda, pues sugiere que durante el catecumenado de Novaciano nuestro protagonista fue poseído por el mismísimo diablo.

Los sucesivos exorcismos colocaron al endemoniado al borde de la muerte misma. Convencidos de que tenía las horas contadas, quienes le asistieron pudieron contemplar cómo un sacerdote derramaba agua sobre su cabeza para bautizarle mientras agonizaba entre estertores. El agua milagrosa del sacramento le devolvió a la vida y a partir de entonces Novaciano sumió a la Iglesia en un calvario de confusión. Días después de la elección de san Cornelio como papa, en marzo del año 251, Novaciano se autoproclamó también pontífice.

Cornelio no escatimó calificativos hacia la figura de su rival, que tanta incertidumbre provocó entre los católicos, tildándole sin tapujos de «bestia pérfida y malvada».

Finalmente, la investigación emprendida por el Concilio de Cartago decantó el respaldo de la mayoría del episcopado a Cornelio, incluidas figuras tan influyentes entonces como la de san Dionisio de Alejandría. Novaciano fue excomulgado así durante un sínodo celebrado en Roma con la participación de sesenta obispos.

Con todo, la actitud desafiante y pertinaz de este antipapa castigó a la Iglesia con un período de gran convulsión interna. Por si fuera poco, los cristianos sufrieron también una brutal persecución externa desatada por el emperador romano Decio, que gobernó entre 249 y 251.

El papa san Fabián había fallecido en el año 250, mártir de hecho de la persecución de Decio, la cual impidió que fuese elegido un nuevo pontífice durante año y medio, nada menos.

Decio ordenó por decreto a todos los cristianos que abjurasen de su religión bajo pena de tortura, destierro o muerte. Hubo muchos apóstatas, pero también mártires, como santa Ágata, san Babylas o el propio papa Fabián.

Quedaría incompleta la historia de Novaciano si no aludiésemos a la secta que él mismo fundó, conocida como los «novacianos», cuya principal herejía consistía en afirmar que la Iglesia no tenía poder alguno para absolver determinados pecados en la Tierra. De este modo, aquellos que habían incurrido en pecado de idolatría, arrastrados por su debilidad ante la dura persecución romana, debían arrepentirse de su traición a la fe de Cristo y dedicarse a expiar su culpa durante toda la vida. Pero ello sin que la Iglesia pudiera levantarles la excomunión, ni mucho menos absolverlos de su grave ofensa en el confesionario.

San Cipriano aseguraba, con razón, que los novacianos no admitían el credo católico al mantener la firme actitud de que la Iglesia carecía de la facultad para conceder la absolución en determinados casos, mostrándose incapaces así de responder con veracidad a la pregunta formulada durante el bautismo: «¿Crees en el perdón de los pecados y la vida perdurable, a través de la Santa Iglesia?».

Fue así como Novaciano ha pasado a la Historia no solo como el segundo antipapa de la Iglesia, sino como un hombre herético, entendiendo por «herejía» la voz derivada del griego *hairesis*, que significa preferencia, partido, opinión especial a la que uno se adhiere de modo obstinado.

Así, el hereje, como podía ser el caso de Novaciano, no siempre solía ser un impío o un ignorante en la estricta acepción del término, sino un hombre apasionado por un determinado dogma que destacaba en detrimento de las demás enseñanzas doctrinales.

El «novacianismo» se caracterizó por su excesivo rigor, sobre todo en la doctrina penitencial, extendiéndose hasta el siglo VIII por toda la Iglesia, desde la Galia e Hispania, hasta Egipto y Constantinopla.

La lista negra

La relación de antipapas es demasiado extensa, por desgracia, en la historia de la Iglesia antes de la celebración del Concilio Vaticano II, a principios de la década de 1960. Además de Novaciano y del primero de todos, san Hipólito (217-235), reconciliado luego con el papa san Ponciano, podemos encontrar por ejemplo a Roberto de Ginebra (septiembre de 1378-septiembre de 1394), bajo el nombre de Clemente VII, en oposición a Urbano VI, que estableció su residencia en Aviñón. Gil Muñoz, canónigo de la iglesia catedral de Barcelona, también figura en la lista negra de falsos pontífices.

Lo mismo que Benedicto XIII, en 1419, o que Amadeo de Saboya (noviembre de 1439-abril de 1449), conocido con el nombre de Félix V. Hagamos constar también, en honor a la verdad, que algunos antipapas llegaron a ser después verdaderos papas en elecciones legítimas y que procedieron desde entonces con buena fe.

4

La terrible profecía de Sixto II

FECHA: AÑO 258. El emperador Valeriano proclamó un edicto de persecución en el que prohibía el culto, a raíz del cual numerosos cristianos debieron esconderse en las catacumbas y muchos murieron mártires.

LUGAR: ROMA. San Sixto II fue conducido ante las autoridades, que le condenaron a morir decapitado junto con cuatro diáconos en el cementerio de Calixto, en la Via Appia.

ANÉCDOTA: «En cuatro días, tú me seguirás», profetizó Sixto II con mirada fulminante a san Lorenzo, camino del patíbulo. Y así fue: san Lorenzo falleció cuatro días después.

Sixto II, el papa número veinticuatro de la Iglesia católica, se atusó la espesa barba, pensativo y cariacontecido. Estaba muy cansado. No eran tiempos fáciles, desde luego, y la situación duraba ya demasiado tiempo. El Romano Pontífice, a quien algunos motejarían «el Bueno» y «el Pacífico» con toda justicia, sabía muy bien que sobre la Iglesia de Roma se cernían dos amenazas terribles en aquella época: de un lado, la persecución encarnizada de Valeriano, el todopoderoso emperador sin escrúpulos, y de otro, las propias intrigas internas que dividían y debilitaban a los cristianos perseguidos. Sixto II no acertaba a distinguir cuál de las dos era más letal.

Del emperador Valeriano, ¿qué decir? A todos les sorprendió el edicto. Venían de una época de relativa calma, cuando de pronto el emperador arremetió contra ellos exigiéndoles no solo renunciar a su credo religioso, sino incluso ofrecer un sacrificio a sus dioses paganos. Muchos habían sido ejecutados ya por negarse a blasfemar contra Dios, mientras que otros salvaron el pellejo por renegar precisamente de su fe.

Las malas lenguas atribuían el cambio radical de Valeriano a la necesidad de sanear las maltrechas finanzas del imperio con ayuda de los bienes confiscados a los cristianos más pudientes. Sea como fuere, allí estaba Sixto II entonces, sumido en la celebración de la Santa Misa en el interior de las catacumbas del Praetextatus, muy cerca de la Via Appia. Desde su silla recordaba, emocionado, la firme promesa de Jesús: «Donde dos o más se reúnen en mi nombre, allí en el centro estoy Yo». Ese era su único consuelo en aquel momento.

Solo la fe le ayudaba a aceptar esa terrible condena de vivir escondido en cementerios o grutas subterráneas, como el peor de los delincuentes, para poder rezar y renovar la pasión de Cristo en el altar, sin perder tampoco la esperanza de profesar la fe en libertad algún día.

Aun así, Sixto presentía que se acercaba su final y experimentaba una enorme desazón por todo lo que aún le quedaba por hacer. Percibió entonces el eco lejano de los pasos soldadescos en su busca. Corría el 6 de agosto del año 258. Los emisarios de Valeriano, armados hasta los dientes, procedieron a capturarle instantes después. «Bendito seas siempre, Señor», prorrumpió el Pontífice mientras le apresaban. Zarandeado por aquellos salvajes, el obispo de Roma se sorprendió de su falta de miedo. Solo le importaba su Iglesia y pedía a Cristo con todas sus fuerzas que velase por su rebaño sin pastor.

En realidad, a Sixto II únicamente le inquietaba la amenaza interna en la Iglesia, es decir, el efecto corrosivo de las luchas de poder disfrazadas de discrepancias doctrinales que debilitaban a la sagrada institución desde sus mismos cimientos. Sin saberlo entonces, Sixto II pasaría a la Historia por haber realizado una labor de reconciliación valiosísima. No en vano, restableció las relaciones con Cipriano, obispo de Cartago. La Iglesia de Roma y la Iglesia del norte de África volvieron así a entenderse después de largo tiempo. Al fin y al cabo, Sixto II hizo comprender a Cipriano que una Iglesia no debía resquebrajarse por diferencias de criterio en el trato a los apóstatas que renunciaban a su fe, los llamados *lapsis*. Cipriano estaba de acuerdo en ello y ambos se reconciliaron estando próximo su final.

Sixto II fue conducido así ante las autoridades, que le condenaron a muerte junto con cuatro diáconos ejecutados también en el cementerio de Calixto, en la Via Appia. Canonizado años después, Sixto II murió decapitado, pero antes de eso se cruzó con san Lorenzo, diácono de Roma, rumbo hacia el patíbulo.

Cuenta la leyenda que en aquel fugaz encuentro camino del martirio, san Lorenzo le preguntó a Sixto II con afección: «¿Adónde vas sin mí, sin tu diácono, sin tu hijo y sirviente?». La respuesta del Papa debió de helarle la sangre. «En cuatro días, tú me seguirás», profetizó Sixto II con mirada fulminante. Y así fue: san Lorenzo falleció cuatro días después exactamente, el 10 de agosto del año 258, de forma tal vez aún más terrible que Sixto… ¡Asado vivo en una parrilla!

La leyenda provenía, según la tradición, de san Ambrosio de Milán, obispo de la localidad italiana, además de destacado teólogo y orador. Por si fuera poco, san Ambrosio ha sido reconocido como uno de los treinta y seis doctores de la Iglesia católica.

El Santo Grial

San Lorenzo fue el primer diácono del papa Sixto II, y una de sus principales atribuciones consistió en administrar los bienes de la comunidad y ocuparse de los pobres. Gozaba de la total confianza del Romano Pontífice, por lo que no resulta extraño que este, cuando las cosas se pusieron feas, le encomendase la custodia de algunas reliquias, entre ellas, el mismísimo Santo Grial.

San Lorenzo ideó un plan para salvaguardar tan preciado tesoro. Logró trasladarlo a Huesca, donde aún tenía familia, y tras muchos avatares, el cáliz permaneció escondido. Los romanos capturaron a san Lorenzo y le presionaron para que entregase las reliquias a cambio de su vida. Pero él rehusó y cuatro días después fue quemado vivo. Cuando Felipe II, en el siglo XVI, decidió conmemorar al santo con la construcción del monasterio de El Escorial, proyectó el monumento con forma de parrilla para homenajear mejor su martirio.

5

Cara y cruz de Su Santidad Melquíades

FECHA: AÑO 313. Después de tres siglos en los que corrió la sangre de los mártires, se inició por fin un período de relativa calma en tiempos del emperador Constantino I.

LUGAR: MILÁN. Constantino convocó el Edicto de Milán que supuso la reinstauración de la libertad religiosa en todo el imperio para todas las sectas, a excepción de las herejes.

ANÉCDOTA: La liturgia venera al papa Melquíades como mártir, pese a morir de forma natural, ya que, según el *Martirologio romano*, sufrió mucho durante la persecución de Maximiano.

Milcíades (o Melquíades) fue un papa sobre el que todavía hoy persisten demasiadas incógnitas. Empezando por su lugar de nacimiento, fijado en Madrid por el historiador español José Antonio Álvarez Baena, en el siglo XVIII. Otras fuentes, sin embargo, afirman que Melquíades fue oriundo nada menos que del norte de África.

Tampoco se sabe a ciencia cierta en qué año nació y menos aún en qué fecha exacta fue elegido papa, barajándose los años 310 y 311. Nadie ha sido capaz de asegurar de la misma manera la fecha de su muerte, que unos datan el 10 o el 11 de enero del año 314 y otros establecen, en cambio, el 10 de diciembre del año 313.

Lo que nadie pone en duda, eso sí, es que Melquíades padeció en carne propia la implacable persecución de los emperadores Diocleciano y Maximiano antes de ser elegido pontífice, que algunos historiadores han definido como la más larga y cruel de todas (303-311).

Tras dieciocho años de reinado, Diocleciano desencadenó una terrible cruzada contra los cristianos. En el ocaso ya de su vida, aquejado de dolencias y enfermedades, y, lo que es peor, herido en su orgullo por las derrotas infligidas a manos de los persas y los sasánidas, el emperador atribuyó su mala fortuna a la ira de los dioses. Los consejos de sus lugartenientes Galerio y Maximiano, a quien nombraría coemperador, alimentaron el odio a los cristianos.

Cuenta el historiador Lactancio que cierto día los adivinos del emperador intentaron leer en las entrañas de las bestias los vaticinios del imperio. Durante el sacrificio de animales, algunos espectadores cristianos se persignaron espantados ante semejante ritual. Cuando finalmente los brujos se declararon incapaces de hallar revelación alguna en las vísceras, el emperador se enfureció y culpó a los testigos escandalizados de frustrar la adivinación, ordenando que los apaleasen sin piedad.

Meses después, el 24 de febrero del año 303, Diocleciano lanzó su «Primer Edicto contra los Cristianos», que supuso la destrucción de iglesias y la quema de libros sagrados. No contento con eso, el emperador ordenó el ingreso en prisión de toda la jerarquía eclesiástica, a la que sometió a todo tipo de torturas.

Comenzaron, por si fuera poco, las llamadas «Actas de Pilato», en las que se presentaba la historia desfigurada de Jesucristo. Los niños fueron obligados a aprenderse y a recitar esos textos de memoria en público.

Pero todo cambió con el emperador Constantino I, quien, inmerso en la batalla contra Majencio, soñó con el mismísimo Jesucristo, según cuenta la leyenda. ¿A qué se debió, si no, tan drástico cambio de actitud en la Roma imperial? Al parecer, Jesús le ordenó grabar en los escudos de sus soldados sus propias iniciales «XR» (de «Cristo»). Además, Constantino I distinguió una cruz en el cielo con la siguiente inscripción: «Con esta señal venceréis».

Fue así como, tras el final de la batalla del Puente Milvio, Constantino atribuyó la gran victoria a Jesús y proclamó en señal de agradecimiento el Edicto de Milán, en el año 313, mediante el cual autorizó la libertad de culto religioso que supondría un cambio radical en la historia de la Iglesia desde entonces.

San Melquíades tuvo la fortuna de ser testigo y beneficiario de aquel edicto. Pero no todo fue favorable en su papado, pues tuvo que hacer frente a los maniqueístas y al cisma donatista (este último tuvo gran arraigo en la Iglesia africana de los siglos IV y V). Donato, obispo de Cartago, afirmaba que los *lapsis*, es decir, las personas que habían abjurado de su fe durante las persecuciones romanas, no podían administrar sacramentos pese a estar arrepentidas. Sin embargo, la Iglesia de Roma rechazaba esa idea y sostenía la objetividad del sacramento por intercesión divina, sin tener en cuenta, por tanto, la consideración moral del clérigo que lo administrase.

Pese a todo, no puede negarse la suerte de Melquíades en su relación con las autoridades romanas al pasar de perseguido a «agasajado», pues Constantino le reconoció como papa tras el Edicto de Milán y decretó además que los bienes confiscados se devolviesen de inmediato a la Iglesia.

Y por si fuera poco, el emperador obsequió al Pontífice con una finca en el Palacio Imperial Lateranense que había pertenecido a la emperatriz Fausta, su esposa. En un terreno contiguo a la finca, el propio Constantino ordenó edificar la primera basílica romana: la basílica Laterana, sede oficial del Papa, conocida hoy como San Juan de Letrán. La historia de la Iglesia se escribe así con sangre, pero también con treguas en el sufrimiento.

Forja de héroes

Con Diocleciano, las persecuciones contra los cristianos alcanzaron su cota de crueldad más elevada. Al diácono Román de Antioquía se le amputó la lengua, y al año siguiente fue ejecutado. Ese mismo año 303 se registraron dos incendios en Roma que el emperador atribuyó a los cristianos. Como represalia, ordenó varias decapitaciones sin que le temblase el pulso.

Tan violentas fueron las medidas, que los propios funcionarios que debían aplicarlas las presenciaron horrorizados. Pero el efecto fue el contrario del deseado, pues el cristianismo se vio fortalecido. El historiador Eusebio afirmaba: «Se ha llegado a tal exceso, que gentes extrañas a nuestra fe protestan abiertamente contra tales violencias que juzgan inútiles e intempestivas». Como consecuencia de ello, hubo muchos actos de protesta por todo el imperio. En Cilicia, cuando colocaron a los cristianos en el centro del anfiteatro para sacrificarlos, el público abucheó al gobernador mientras muchos se retiraban profiriéndole insultos.

6

La otra carrera de San Silvestre

FECHA: AÑO 325. La popular carrera que lleva el nombre del papa Silvestre I se celebra cada 31 de diciembre en España, precisamente el día en que el Pontífice falleció.

LUGAR: NICEA. El Concilio plantó cara a la herejía arriana que emponzoñaba la Iglesia provocando divisiones y enfrentamientos en torno a la crucial cuestión de la naturaleza de Cristo.

ANÉCDOTA: Nicolás de Bari palpó la tensión en el Concilio de Nicea, hasta que ya no aguantó más: se levantó y le propinó a Arrio un sonoro bofetón.

A muchos les resultará familiar hoy la media maratón que lleva el nombre de nuestro nuevo papa y que se celebra el 31 de diciembre de cada año en diversos lugares de España. Ese fue precisamente el día en que el papa Silvestre I, declarado santo, pasó a mejor vida en el año 335.

A imagen de esta popular carrera, puede afirmarse que el pontificado de san Silvestre fue también, en cierto modo, una prueba repleta de obstáculos. Cierto que cesaron las persecuciones romanas por intercesión de Constantino I, pero también lo fue que las amenazas internas se cebaron con este papa mediante graves enfrentamientos de índole teológica que obligaron a las autoridades a tomar cartas en el asunto con firmeza. La herejía emponzoñaba la Iglesia provocando divisiones y enfrentamientos en torno a una cuestión crucial como sin duda era la naturaleza de Cristo.

Arrio (256-336), ordenado presbítero en el año 311 en la iglesia de Baucalis de Alejandría, argumentaba que «si Dios creó a su Hijo de la nada y por tanto hubo un tiempo en que el Hijo no estaba, entonces Jesús es finito y está subordinado al Padre». Esta descabellada idea atentaba contra el epicentro mismo de la fe: la Santísima Trinidad, es decir, el Dios uno y trino: Padre, Hijo y Espíritu Santo. El arrianismo negaba así la divinidad de Jesucristo, pues Dios Padre existía antes que él y le había creado de la nada. Arrio elaboró tan disparatada doctrina a partir de la de Pablo de Samosata, obispo de Antioquía.

Constantino no tardó en convocar el primer Concilio Ecuménico de Obispos en la ciudad de Nicea en el año 325, donde se encontraba el palacio imperial de verano. Su intención era muy clara, pero nada sencilla: restablecer la paz religiosa en aras de la unidad de la Iglesia.

Tras meditar su papel, el papa Silvestre I optó por enviar a Nicea a dos sacerdotes en su nombre (él estaba viejo y cansado). Constantino, por su parte, encargó a su consejero Osio, obispo de Córdoba, la presidencia del concilio integrado por 318 obispos.

El clima conciliar se encrespó de modo súbito nada más leerse en público las teorías de Arrio, calificadas de blasfemas, pese a lo cual su autor no se arredró. Al contrario: buscó el fundamento de su discurso en distintos pasajes bíblicos, sustentándolo en palabras del propio Jesús: «El Padre es mayor que yo» (Jn 14, 28). Afirmó así Arrio, convencido, que era el mismo Jesús quien había asumido su condición de inferioridad con respecto a Dios. «¡Eso es inaceptable!», vociferaron algunos. «¡Resulta inadmisible!», corearon otros.

San Nicolás de Bari estaba allí y pudo palpar la tensión desde el principio, hasta que ya no pudo tolerarla más. Se levantó y, mientras Arrio exponía sus ideas en público, le propinó un sonoro bofetón sin mediar palabra. Los obispos, escandalizados, empezaron a abandonar el recinto con los oídos tapados para no seguir escuchando las herejías de Arrio.

Las intervenciones de unos y otros se prolongaron durante veintidós días interminables. A fin de recuperar la cordura y dejar las herejías al margen, se proclamó el símbolo Niceno o Credo, que aún hoy se recita durante la Santa Misa.

Constantino envió poco después a Arrio al exilio. En el escrito de destierro, el emperador no se anduvo por las ramas: «Si se encuentra algún escrito sobre Arrio, podrá ser arrojado al fuego, por lo que no solo se borra la maldad de su enseñanza, sino que no quedará nada para recordarlo [...]. Si se descubriese que alguien esconde un escrito compuesto por Arrio y no lo lleva inmediatamente a su destrucción por fuego, la pena será la muerte».

Pese a las amenazas, el emperador suavizó sus sanciones y en el año 336 Arrio fue rehabilitado en el ejercicio de su ministerio tras reformular sus teorías. Las controversias sobre el arrianismo pervivieron durante mucho tiempo, incluso tras la muerte del propio Arrio. Hasta tal punto fue así, que en el año 381 fue preciso convocar un nuevo Concilio Ecuménico en Constantinopla donde se renovó el Credo de Nicea, denominado el «símbolo niceno-constantinopolitano» tras formularse una nueva condena del arrianismo.

El Credo sigue siendo hoy una oración capital donde se sustenta la profesión de fe de todos los católicos. Pero tal vez pocos recuerden todavía, mientras lo recitan una y otra vez en las iglesias, que la idea de la Santísima Trinidad desató terribles luchas y disensiones internas, así como conspiraciones e incluso derramamientos de sangre a lo largo de los siglos.

La orden de caballería

Como cabeza visible de la Iglesia y jefe de Estado del Vaticano, el Papa puede otorgar títulos honorarios a personas que hayan destacado por su especial contribución en diversas órdenes sociales o eclesiásticas. En este sentido, hoy en día existen cinco órdenes destacadas de caballería: la Orden Suprema de Cristo, la de la Espuela de Oro, la de Pío IX, la de San Gregorio Magno y la de San Silvestre.

Esta última fue establecida por Gregorio XVI en 1841 y su medalla lleva la Cruz de Malta y la efigie del papa san Silvestre, precisamente, en el centro. La cinta de la medalla está formada por franjas en rojo y negro. Este importante galardón reconoce el mérito acreditado en la implicación en la vida de la Iglesia mediante la actividad profesional o la maestría de las artes. Entre los condecorados hay figuras célebres como Mozart, Oskar Schindler o Shūsaku Endō.

7

El Indiana Jones del siglo IV

FECHA: AÑO 366. Durante su pontificado, Dámaso I hizo honor a su nombre, que significa «domador», preocupándose así de que todos los obispos reconocieran la autoridad del obispo de Roma.

LUGAR: ROMA. El Papa se tomó su tiempo para identificar los restos de los mártires hacinados en las catacumbas, como el mejor de los arqueólogos, y grabó sus epitafios.

ANÉCDOTA: El Pontífice incluso redactó el suyo: «Yo, Dámaso, hubiera querido ser sepultado junto a las tumbas de los santos, pero tuve miedo de ofender su sagrado recuerdo...».

San Dámaso I (304-384) es uno de esos personajes ilustrados que rara vez nos regala la Historia. Erudito, innovador y pendenciero, su contribución a la Iglesia resulta innegable a los ojos de hoy.

Huelga decir que, como casi todos los grandes hombres, supo rodearse de los mejores colaboradores. Empezando por su propio secretario: nada menos que san Jerónimo (347-420), padre y doctor de la Iglesia, quien dijo de él: «Es un hombre puro elegido para dirigir una Iglesia que debe ser pura».

A Dámaso I se debe que san Jerónimo tradujese la Biblia al idioma popular, conocida con el nombre de la Vulgata y empleada por la Iglesia católica durante casi quince siglos.

El mismo Dámaso fue cocinero antes que fraile, pues ejerció como secretario del papa san Liberio antes de ser elevado al solio de Pedro.

Durante su pontificado, Dámaso I hizo honor a su nombre («domador») y se empeñó en que todos los obispos reconocieran la autoridad incuestionable del obispo de Roma, dejando bien clara la importancia de la jerarquía eclesiástica, así como la estricta organización de cada una de las diócesis que conforman la Iglesia.

Facilitó para ello las pautas morales, tratando de evitar la desunión de una Iglesia que a veces tendía a desmembrarse. No en vano, él mismo había sufrido esa tremenda división durante su ascenso al solio de Pedro, mientras contemplaba impertérrito el nombramiento del antipapa Ursino. Y por si fuera poco, antes de eso fue testigo también del exilio del papa san Liberio decretado por el emperador Constancio II, convencido arriano.

Precisamente en su denodada lucha contra el arrianismo, Dámaso I instauró el rezo de una oración que pervive hoy como una de las más proclamadas por los fieles católicos: el *Gloria Patris*. Y extendió el uso de la palabra hebrea *aleluya,* empleada sobre todo para referirse a la resurrección de Jesús y traducida como «Alabad al Señor». La expresión, que ya existía entonces, se utilizaba exclusivamente en el rito judaico.

Pero la historia de Dámaso I no acabó ahí, ni mucho menos. Su trabajo en las catacumbas resulta hoy impresionante. Tras siglos enteros de persecuciones y clandestinidad en las primeras comunidades cristianas, las grutas vaticanas estaban llenas a rebosar de restos mortales de mártires sin identificar. ¿Qué hizo entonces san Dámaso, que podría asemejarle siglos después al intrépido arqueólogo Indiana Jones en la ficción? Verlo para creerlo: el Papa en persona recorrió cada palmo de las catacumbas en busca de las sepulturas mal selladas y dispuso la reforma y secado de las cuevas subterráneas para mejorar la conservación de aquellos restos humanos abandonados a su suerte.

Se tomó el tiempo necesario para identificarlos, como el mejor de los arqueólogos, e incluso para componer y grabar los epitafios en las lápidas de cada uno de los allí yacientes en forma de versos y leyendas que han permitido conocer hoy detalles insospechados de la vida de algunos de aquellos infortunados. Tal es el caso de san Tarsicio, declarado mártir de la Eucaristía.

De ahí que Dámaso I se ganase a pulso el nombramiento de Santo Patrón de los Arqueólogos, con permiso de santa Elena, por supuesto, digna también del mayor de los reconocimientos como madre de Constantino el Grande, primer emperador romano converso. A santa Elena se atribuye, además, el descubrimiento de restos mortales que datan de la mismísima época de Jesucristo, como los clavos de la Vera Cruz o las consideradas reliquias de los Reyes Magos.

Resulta fascinante imaginarse hoy a un papa del siglo IV, en medio de las luchas intestinas por el poder, preocupado en recorrer todos y cada uno de aquellos pasadizos secretos del horror para clasificar las improvisadas tumbas de sus predecesores con una paciencia y una dedicación encomiables.

A nadie debería extrañar, por tanto, que el Pontífice fuera tan previsor a la hora de disponer su propia sepultura, barruntando su inminente final. Su epitafio, desde luego, conservado hoy en su lecho mortuorio, habla por sí solo: «Yo, Dámaso —escribió él mismo—, hubiera querido ser sepultado junto a las tumbas de los santos, pero tuve miedo de ofender su sagrado recuerdo. Espero que Jesús, que resucitó a Lázaro, me resucite a mí también en el último día».

Humilde hasta la sepultura, Dámaso falleció el 11 de diciembre del año 384, a la edad de ochenta años. Tiempo después, en homenaje suyo se levantó la grandiosa basílica de San Dámaso, situada justo encima de su sepulcro, en premio a su sencillez.

La Vulgata

En los siglos II y III, la Biblia en uso era la *Héxapla*, redactada en griego y atribuida al sabio Orígenes. San Dámaso, que tenía total confianza en su secretario san Jerónimo, con quien mantuvo correspondencia durante toda su vida, le encargó una nueva traducción al latín. El texto de san Jerónimo se conoció como la Vulgata, como ya sabe el lector. Además de la traducción, primero se hizo una compilación de los documentos del Antiguo y el Nuevo Testamento, que son los que conforman el canon bíblico o los que la Iglesia reconoce como Sagradas Escrituras.

La Vulgata estuvo vigente, como también conoce el lector, durante quince siglos, hasta que en 1979 se revisó íntegramente y se promulgó la Nova Vulgata en tiempos de Juan Pablo II. Este texto, con un latín más clásico, no incluye ciertas lecturas omitidas del canon bíblico durante el Concilio de Trento.

8

Desafiando al «azote de Dios»

FECHA: AÑO 452. No eran buenos tiempos para aquella Europa. Los pueblos bárbaros invadían y saqueaban los territorios de un Imperio romano dividido y en completa decadencia que se desmoronaba.

LUGAR: MANTUA. Los hunos habían invadido el norte de Italia, obligando al emperador Valentiniano III a abandonar Rávena y refugiarse en Roma. Ahora, esos bárbaros se acercaban a Mantua.

ANÉCDOTA: La sangre fría, la templanza y la sabiduría del papa León harían que se le conociera como «el Grande» o «Magno» y que fuera canonizado en 1574.

La historia de san León el Grande es una de esas que da para un completo guion de película. Y es que, desde bien temprano, su esmerada educación y su dominio del latín le depararon toda suerte de aventuras antes de ocupar el solio de Pedro. En tiempos de sus antecesores, Celestino I y

Sixto III, recibió en su calidad de diácono en Roma misiones de gran responsabilidad que nos dan idea de lo prometedor que era ya de joven. Una de ellas lo llevó hasta la Galia. Aquel territorio era un polvorín, con un enfrentamiento entre Aecio, comandante militar de la provincia, y el magistrado Albino. Sin la mediación de León, se hubiera desencadenado con total probabilidad una cruenta guerra civil. Allí estaba desempeñando tenazmente su labor como embajador, cuando conoció una noticia que marcaría su destino para siempre. Sixto había muerto. Un nuevo pontífice había de ser nombrado. Y los obispos lo habían elegido a él. ¡Sería papa!

León no era de los que zozobraban. No le temblaban las manos ni bajaba la mirada. Antes al contrario, el futuro pontífice asumió la noticia con estoicismo y se preparó para iniciar un largo viaje de regreso a Roma. Tardó cuarenta días con sus noches en alcanzar la Ciudad Eterna y llegó cansado después de tantos kilómetros y de atravesar los Alpes. «Nadie dijo que calzarse las sandalias del Pescador fuera fácil», se recordó mientras levantaba la barbilla y echaba los hombros atrás para que nadie percibiera su fatiga.

Fue consagrado el 29 de septiembre del año 440. Durante su pontificado, que duró veintiún años, le tocó vivir la caída del Imperio romano. Los bárbaros estaban asolando todos los lugares de dominación romana: la Galia, Hispania, Centroeuropa, África. Saqueaban, conquistaban, devastaban territorios, violaban a mujeres y exterminaban poblaciones. El emperador Valentiniano III, incapaz de frenar el avance de estos pueblos, se refugió en Roma, abandonando la corte de Rávena.

Corría el año 452 cuando Atila, rey de los hunos, uno de los pueblos más violentos, de cuyas gentes se decía que «por donde pisaban sus caballos no volvía a crecer la hierba», encabezó su ejército y llegó, desde el norte de Italia, hasta la ciudad de Roma, con ánimo de conquistarla. Nadie le daba un no por respuesta a Atila, al que llamaban «el azote de Dios». Y al parecer se le había rechazado cuando se había postulado como candidato a casarse con Honoria, hermana del emperador Valentiniano III. Su venganza se mediría en cubetas de sangre. Alguien debía impedirlo por el bien de las gentes y con la gracia de Dios.

Ese alguien no fue otro que León. Allí, sobre el puente del río Mincio, en Mantua, aguardaba el Papa, vestido de pontifical, escoltado por un séquito de cardenales a caballo que entonaban cánticos en latín. Cuentan que Atila quedó impresionado por tanta pompa, y que tuvo una visión reveladora en la que un pontífice de sobrehumana naturaleza le abordaba con la espada elevada en alto y le conminaba a obedecer a León. Sea como fuere, el Papa logró evitar la entrada de los hunos y, luego del pago de un tributo, firmó un tratado de paz y consiguió que se retirasen los salvajes. Este hecho situó al Papa como principal fuerza política frente al debilitado emperador. El pintor renacentista Rafael inmortalizaría la escena en uno de los frescos que hoy se encuentran en los Museos Vaticanos.

Las crónicas señalan que, tras la victoria de León, el pueblo de Roma salió con júbilo a las calles a celebrarlo. El Papa, quitándose mérito, atribuyó el éxito de la intervención a san Pedro, y por ello mandó fundir la estatua de

Júpiter Capitolino y mandó hacer con el bronce una nueva en honor al apóstol, que es la que, hoy por hoy, se venera en el Vaticano y se conoce como *El Pescador*.

La aventura contra los bárbaros, sin embargo, no terminó ahí. Tan solo tres años después, una nueva invasión, esta vez de Genserico, rey de los vándalos, llevó a León a poner en riesgo su vida de nuevo para salvar al pueblo. En esta ocasión no logró el Pontífice frenar el avance de los bárbaros, pero sí consiguió impedir que incendiasen la ciudad y matasen a todos sus habitantes.

Con todo, León I fue muy querido y respetado tanto en su tiempo como en los siglos posteriores. En el año 1574 fue canonizado. Y hoy los cristianos celebramos su festividad el 10 de noviembre, fecha del aniversario de su muerte, en el 461.

Papa por cuya boca habló san Pedro

A san León el Magno no le gustaba ser protagonista y evitaba en sus escritos hacer referencias a sí mismo. Ostentaba el poder de la Iglesia con gran dignidad sabiéndose heredero del apóstol más cercano al Señor y primer papa, san Pedro. Lo que sí sabemos es que aparte de luchar contra los bárbaros, León hizo frente a las herejías (maniqueísmo, pelagianismo y priscilianismo) que amenazaban la unidad de la Iglesia. Así, en el Concilio de Calcedonia, envió una carta sobre la cuestión de la naturaleza de Cristo, que fue leída frente a los seiscientos obispos asistentes. Se cuenta que estos, maravillados por su estilo culto y su sabiduría, se pusieron en pie y exclamaron: «San Pedro ha hablado por boca de León».

Sus cualidades en materia literaria y su solidez doctrinal han pasado también a la Historia gracias a su profuso legado: 96 sermones y más de 140 cartas.

9

El primer papa que cambió su nombre o… casi

FECHA: AÑOS 533-535. Justiniano I quería recuperar Italia, bajo dominación de los godos. El rey ostrogodo era Atalarico, un niño cuyo trono estaba en manos de Amalasunta, su madre regente.

LUGAR: ROMA. A la muerte de Bonifacio II y después de dos meses y medio sin haberse nombrado sucesor para el solio de san Pedro, fue elegido Juan II.

ANÉCDOTA: Justiniano, «el último emperador romano», reconoció a Juan II como papa, así como su autoridad sobre obispos y patriarcas, incluidos los orientales. La Iglesia ortodoxa lo considera santo.

Una de las costumbres que hoy por hoy no resulta desconocida para nadie es la tradición según la cual, cuando son elegidos los sucesores de san Pedro, los papas cambian su nombre por otro. Así, una vez aceptada la elección como pontífice del cardenal que ha reunido la mayoría de los votos en el cónclave, el cardenal decano siempre le pregunta cómo quiere ser llamado («*Quomodo vis vocari?*»).

Este hecho genera una gran expectación entre los fieles, pues todos se preguntan qué nombre elegirá y por qué ese en concreto y no otro. Por este motivo es habitual que el nuevo papa electo explique sus razones. Por ejemplo, Juan Pablo I quiso honrar a sus dos antecesores Juan XXIII y Pablo VI, quienes le habían nombrado cardenal y obispo, respectivamente, y así fue el primero en usar un nombre compuesto.

Volviendo al tema, cabe señalar que no siempre ha existido esta tradición, sino que precisamente arranca con el papa Juan II. Hasta ese momento, los anteriores pontífices se limitaban a usar su nombre de pila seguido del número.

¿Qué llevó a este papa a cambiar su nombre? Aunque su intención final pudiera ser la de honrar a su antecesor Juan I, la idea de realizar el cambio fue casi por motivos que podríamos calificar como más «formales» o «estéticos».

Lo cierto es que, al nacer, sus padres le dieron el nombre de Mercurius, un nombre demasiado pagano para un sacerdote. Mercurio es el nombre del dios romano de los comerciantes y de las mercancías, hijo de Júpiter, dios de la guerra, por lo que incluso su propio significado o interpretación mitológica lo hacía todavía menos apropiado.

Comprenderá el lector que hubiera resultado cuando menos extraño hablar del papa Mercurio I. Eso mismo debió de pensar él. Antes de ser elegido papa permaneció un tiempo en la iglesia de San Clemente, en el monte Coelius, donde se encuentran varios documentos que se refieren a él como «Johannes II, apellidado Mercurius».

A partir de entonces habrá algunos papas que no cambien su nombre, pero poco a poco la costumbre se irá imponiendo. Si repasamos la lista de papas, encontramos nombres que se repiten de forma recurrente. Así, sin contar a los antipapas, Juan aparece 23 veces; Gregorio, 16; Benedicto, 16; Clemente, 14; Inocencio, 13; León, 13, y Pío, 12. Hay otros que no han gozado de tanta popularidad como Zósimo, Zacarías o Ceferino, por citar solo algunos.

A pesar de que en casi todos los documentos históricos se reconoce a Juan II como el primer papa en cambiarse el nombre, la realidad no esa exactamente. Y es que la primera referencia al cambio podemos encontrarla en los propios evangelios. ¿Acaso no fue el propio Jesucristo quien le dijo a Simón bar-Jona: «A partir de ahora tú eres Pedro y sobre esta piedra edificaré mi Iglesia»? He ahí pues el primer cambio de nombre.

De esta forma, aunque por motivos bien distintos, Juan II estaba siguiendo la misma pauta que el primero de los papas de la Historia, cuyo nombre, por cierto, ningún pontífice ha repetido posteriormente, tal vez por si podía leerse como algo pretencioso o simplemente porque algunas comparaciones es mejor evitarlas.

De Juan II lo más destacable sea quizá que tuvo que hacer frente durante su pontificado a uno de los grandes males de la Iglesia de aquellos siglos: la simonía. Esta palabra hace referencia al pecado de comprar y vender títulos eclesiásticos y recibe su nombre porque el primero en proponer semejante cuestión fue Simón el Mago, que fue contemporáneo de Cristo, con lo que se trata de una lacra que proviene desde los orígenes mismos del cristianismo.

Al morir Bonifacio II, en los dos meses siguientes se da un período en el que la simonía aflora de manera aberrante para influir en quien debía ser elegido para ocupar el solio de Pedro. La situación alcanza un punto tal, que se denuncia ante el Senado romano y se prohíbe semejante práctica por decreto (posiblemente el último decreto de esta institución, que databa de tiempos de Diocleciano y que desapareció justo en ese año 532). Juan II pidió al rey Atalarico que reconociera la validez del decreto y, aunque el monarca accedió, no dudó en reservarse el derecho de ratificar la elección papal.

En el año 535 comenzó la guerra de Justiniano contra los ostrogodos. Pero Juan II murió el 8 de mayo de ese mismo año y no llegó a conocer la victoria de Bizancio.

Con mano dura

No hay duda de que Juan II trató por todos los medios de poner orden en el seno de la Iglesia. Por un lado, tuvo que enfrentarse al resurgimiento de la fórmula de Hormisdas, que decía «uno de la Trinidad ha sido crucificado» y pretendía reconciliar a varias sectas heréticas tras el cisma acaciano del año 481. Sin embargo, Hormisdas la rechazó por ambigua en el 519. A pesar de ello, el emperador Justiniano defendió de nuevo la fórmula, con lo que reabría la controversia. Esto obligó a Juan II a reiterar su condena a la fórmula. En paralelo, del obispado de Riez, en la Provenza, llegaban historias sobre la corrupción del obispo Contumeliosus, a quien se acusaba de adulterio, entre otros pecados. Con mano dura, Juan II lo depuso de su puesto y con la participación del obispo de Arlés fue confinado a un monasterio para realizar la debida penitencia.

10

Los temores del siervo de los siervos de Dios

FECHA: AÑOS 590-604. El rey Aulario fue asesinado y el duque Agilulfo se coronó rey de los lombardos. Roma estaba devastada por el hambre, los saqueos y las enfermedades.

LUGAR: ROMA. Al morir Pelagio II, Gregorio, quien gozaba de gran popularidad entre los obispos de Roma, fue elegido papa (el número 64).

ANÉCDOTA: De él escribió el historiador Gregorio de Tours: «Aquel que vestía con trábea y brillaba con seda y joyas, ahora vestía con vestidos miserables y servía al Altar de Dios».

Un incómodo silencio debía de sentirse en la Ciudad Eterna, más eterna que nunca. Solamente se oiría el rechinar de dientes de una rata rebuscando entre la basura y el sonido de las ruedas de un carromato, que trasladaría pesadamente un enorme montón de cadáveres apilados, para llevarlos extramuros y que ya no pudieran contagiar a nadie más.

Las víctimas de la pestilencia se contaban por millares. Sí, cada día había más. El año 589 fue terrible. Esta plaga se propagaba a una velocidad inusitada. Y la gente hablaba. «Es la ira de Dios. ¿Cómo haremos para aplacarla?» Las miradas huidizas se volvían entonces hacia la Iglesia, pero no había respuestas. Solo silencio, al menos de momento.

En el Vaticano la situación no era mejor. El papa Pelagio II había muerto entre grandes sufrimientos, víctima también de la peste. Los obispos compartían el miedo de que fuera cierto que Dios había vuelto la espalda a Roma. No en vano, la ciudad estaba asediada por los lombardos que la saqueaban a todas horas. Altercados y violencia estaban a la orden del día. Y a eso se sumaba ahora la enfermedad pestilente y, en fechas recientes, las terribles inundaciones del Tíber. Había demasiadas coincidencias con las plagas bíblicas. El pueblo se refugiaba en sus casas, desesperanzados, mirando furtivamente por los postigos de las ventanas preguntándose si había llegado el apocalipsis.

En medio de este caos, un nuevo papa debía ser elegido. Los obispos lo tenían claro. Nadie más preparado y bondadoso que Gregorio. Se trataba de un monje, ciertamente. No resultaba habitual que un monje ocupara esa importante posición, y eran tiempos en los que el papado no exigía solo liderar la Iglesia, sino que también debía realizarse una labor política de muy alto nivel. Pero no era menos cierto que había sido prefecto, que tenía una preparación irreprochable y que los obispos hablaban de que a menudo se le veía con los más necesitados, compartiendo la comida y orando por ellos. Era un hombre de fe. El hombre que la Iglesia de esa época convulsa necesitaba.

Sin embargo, cuando lo eligieron por unanimidad, Gregorio tembló por dentro. Él quería abrazar una vida monástica, de oración y de santificación del trabajo, como mandaba la Regla de San Benito. Él no deseaba la falta de paz que conllevaba el papado, los entramados políticos, el ruido… Pero ¿acaso no debía aceptar con obediencia los designios de Dios? «Esa es la fe que profeso», se decía mientras trataba de asimilar lo que le aguardaba.

Cuenta una leyenda que, asediado por las dudas, Gregorio huyó clandestinamente de su residencia, convertida tiempo atrás en monasterio, y se refugió en el bosque tratando de esquivar su destino. Sin embargo, al cabo de tres días, vio una luz que le reveló que tenía un cometido que llevar a cabo. Y fue entonces cuando asumió su pontificado con resignación, como un verdadero sirviente de Dios. Esa forma de entender el liderazgo, como un pastor que predicaba con el servicio y la humildad, hizo que se le conociera como «*Servus servorum Dei*» («Siervo de los siervos de Dios»), un título que llevó a gala mientras vivió.

Volvió a la ciudad Gregorio y comenzó su papado con una anécdota que pasó a la Historia dando nombre al castillo de Sant'Angelo de Roma. El Papa, convencido de que era la única solución, pidió al pueblo que saliera en procesión por la ciudad como acto de penitencia por los pecados cometidos. Y así, en medio del oficio, el arcángel san Miguel se apareció con todo su esplendor y la espada desenvainada en lo alto del castillo anunciando el fin de la epidemia. Y, efectivamente, lo fue. Hoy una estatua de san Miguel en lo alto del castillo conmemora ese momento.

Gregorio es uno de los Padres de la Iglesia y su contribución se cuenta en muchos órdenes. Trabajador incansable, dejó un abundante legado de cartas y de escritos doctrinales de gran relevancia, inició la evangelización de los ingleses y negoció con los lombardos el pago de un tributo a cambio de liberar el asedio de la ciudad y poder dar de comer al pueblo. Esas son solo algunas de sus obras.

Pero hay una última fundamental. Recopiló los cánticos desde los primeros que los cristianos cantaban en las catacumbas hasta los que fueron surgiendo después, y con todo ello realizó un antifonario. Por este motivo, y en su honor, estos cantos llegarán hasta nuestro tiempo con el nombre de «cantos gregorianos».

Gregorio el Magno, un papa que llevó el pontificado a lo más alto.

¿Por quién tañen las campanas?

Sabiniano fue elegido papa al morir Gregorio. Se conocían. En el 593, Gregorio lo había mandado como nuncio a Constantinopla, pero lo hizo regresar enseguida debido a su torpe gestión. Sabiniano jamás se lo perdonó. Antes al contrario, movido por el resentimiento, se dedicó a intentar desprestigiarle. Difundió la idea de que solo el afán de ser admirado había motivado sus buenas obras y le acusó también de haber dilapidado el patrimonio eclesiástico al destinarlo a dar de comer a los pobres. Pero todo esto no hizo más que granjearle la enemistad de la gente y del clero.

Por eso, aunque tuvo actuaciones interesantes, como normalizar el tañido de las campanas como aviso del comienzo de los santos oficios, las leyendas presentan a un hombre avaro y falto de caridad, que en plena hambruna abrió los graneros no para repartir trigo entre los pobres, ¡sino para venderlo bien caro!

11

El papa hereje

FECHA: AÑOS 680-682. En tiempos del emperador bizantino Constantino IV, este le pidió al papa Dono que convocase un concilio. Muerto Dono, recogió el testigo su sucesor, el papa san Agatón.

LUGAR: CONSTANTINOPLA. Allí se celebró el sexto Concilio de la Iglesia católica. También se lo conoce como Concilio Trullano por la sala del palacio imperial donde se realizó, llamada *Trullos* («cúpula»).

ANÉCDOTA: San Agatón cuidó las relaciones con Constantino IV y consiguió que este le eximiera del impuesto cuando no había llegado la confirmación imperial en cada elección papal.

El 7 de noviembre de 680, unos ciento setenta obispos se reunieron en la sala de la cúpula del palacio imperial de Constantinopla. El frío se hacía notar ya en estas fechas y la proximidad al mar hacía que la sensación térmica fuera más baja por la intensa humedad. Pero allí dentro el ambiente estaba bastante caldeado. El concilio que comenzaba prometía dar juego, de modo que había un murmullo incesante que parecía el zumbido de un enjambre de abejas. Solo cuando el emperador hizo amago de comenzar a hablar se hizo el silencio. Constantino presidía el concilio personalmente y contaba con el patriarca Jorge y varios obispos de su patriarcado, como Macario de Antioquía como portavoz y otros grandes teólogos por la parte de la Iglesia oriental. En cuanto a Roma, el papa Agatón no había podido asistir personalmente, pero envió una importante delegación compuesta por tres obispos italianos, tres apocrisiarios pontificios, un enviado del arzobispo de Rávena y tres monjes. La más alta representación eclesiástica se encontraba presente para tan relevante ocasión.

Alzó su voz Constantino IV y expuso que el tema de las sesiones sería el monotelismo. Se trataba de una corriente que propugnaba que en Cristo prevalece una sola voluntad, en lugar de las dos correspondientes a sus dos naturalezas, humana y divina. El debate estaba servido. Ese tipo de disputas teológicas, que quizá al lector le resulten algo estrambóticas, eran frecuentes en esos tiempos en los que la división de la Iglesia oriental y la occidental las propiciaba. No en vano pasarán a la Historia como «cuestiones bizantinas» porque a menudo eran los de Bizancio los que las iniciaban. Con frecuencia acababan derivando en violencia y reacciones desproporcionadas entre los contertulios.

Así ocurrió también esta vez.

En la sesión número trece, la asamblea sinodal se pronunció condenando firmemente a todos los que habían defendido de algún modo el monotelismo. Sergio de Constantinopla, Ciro de Alejandría, Teodoro de Farán y Honorio de Roma estaban en esa lista.

En dicho contexto acaeció la muerte del papa Agatón. Sin embargo, su sucesor, León II, refrendó lo anterior. Según sus palabras, Honorio cometió un error gravísimo por no condenar severamente «tan impía doctrina».

Ese momento clave conllevará que la Historia juzgue durante siglos a este papa con una dureza extrema. Tanto es así que los siguientes papas, al ser entronizados, deban jurar que no cometerán los errores de su antecesor Honorio. Incluso en el Concilio Vaticano I de 1869, cuando se cuestionó la infalibilidad del Papa, se aludió precisamente a las actuaciones de Honorio, aunque finalmente el dogma estableció que el Papa era infalible cuando hablaba desde una posición *ex cathedra*, aunque este no era su caso.

Pero ¿fue de verdad Honorio un hereje de intenciones ocultas y malvadas? La respuesta es que, muy posiblemente, no. Su desafortunada actuación puede achacarse más a no haber dado suficiente importancia a la cuestión que a otra cosa. Veamos lo que había sucedido un poco antes.

Honorio fue nombrado papa en el año 625 y desde su elección tuvo el deseo de parecerse a su maestro san Gregorio. Para ello, emprendió una gestión más que prudente del patrimonio de la Iglesia, persiguió los restos de cismas y luchó por conseguir que se respetara la supremacía de

Roma en lugares como Hispania, Cerdeña o Epiro (Grecia). Lo tenía todo para ser considerado por la Historia como un buen papa.

Sin embargo, en el año 634 se abrió el debate del monotelismo entre Ciro, patriarca de Alejandría, y Sofronio, monje benedictino. El patriarca Sergio, inquieto por el cariz que tomaban los acontecimientos, escribió algunas cartas al Pontífice pidiéndole que se pronunciara al respecto. En sus respuestas, Honorio no profundizaba ni trataba de dogmatizar sobre el asunto, sino que intentaba «quitarle hierro al asunto».

A pesar de todo, las cartas de Honorio y Sergio se presentaron en la duodécima sesión del concilio y la respuesta dada por la asamblea ya la conocemos. Ambos fueron anatematizados: «Aquellos cuyos impíos dogmas execramos, juzgamos que sus nombres también serán expulsados de la Iglesia de Dios». Y por si quedara alguna duda, añadía: «Honorio, que fue papa de la vieja Roma, sea arrojado con ellos fuera de la Iglesia de Dios, porque hemos hallado en su carta a Sergio que seguía su opinión en todas las cosas y confirmó sus malvados dogmas».

Fuera cual fuese la intención de Honorio, lo que está claro es que pagó un precio más que caro por sus cartas.

El Papa, pastor eterno

En el Concilio Vaticano I se reconoció, tras mucha controversia, la infalibilidad del Papa en el documento *Pastor Aeternus* («Pastor Eterno»).

¿La infalibilidad significa que el Papa no puede equivocarse?

No exactamente. El Papa puede cometer errores y pecar, pero cuando habla como Pastor de la Iglesia (*ex cathedra*) puede hacer declaraciones oficiales «infalibles» en materia de doctrina y moral.

La idea emana de las palabras que Jesús le dice a Pedro; por ejemplo: «Simón, Simón, mira que Satanás va tras de vosotros para zarandearos como trigo. Mas yo he rogado por ti a fin de que tu fe no perezca y tú, cuando te conviertas, confirma a tus hermanos».

Con todo, a lo largo de miles de años de papado esa infalibilidad solo se ha invocado dos veces: con el dogma de la Inmaculada Concepción (1854) y con el de la Asunción de la Virgen a los cielos (1950).

12

El Concilio Cadavérico

FECHA: AÑO 897. Tras morir Carlomagno, el vacío de poder motivó luchas entre familias aristocráticas de Italia, como los Spoleto. Era un período de gran injerencia entre Iglesia y Estado.

LUGAR: ROMA. Tras ser elegido papa, Esteban VI se vio influido por el clan de los Spoleto e inició una campaña para desacreditar a su antecesor, el papa Formoso.

ANÉCDOTA: A la muerte de Formoso, Lamberto de Spoleto nombró papa a Bonifacio VI, depuesto de sus cargos en dos ocasiones por inmoralidad. Su pontificado duró... ¡quince días!

También llamado «Sínodo del Terror», posiblemente este sea uno de los episodios más grotescos y macabros de la historia de la Iglesia. No en vano se conoce este período de algo más de cien años como el «Siglo Oscuro del Papado». Durante ese tiempo, los papas no eran más que títeres en manos de las familias nobles que se disputaban el poder. Esta subordinación papal llegó a límites insospechados que excedían con creces la imaginación más fértil, como podremos constatar a continuación.

Corría el año 891, cuando Formoso I fue elegido papa. Los biógrafos retratan a un hombre austero, de costumbres prudentes y ejemplares. Además, era conocido también por sus habilidades políticas, al haber acometido con éxito misiones diplomáticas en distintos países y labores evangelizadoras de gran calado.

Tal vez por eso, una de las primeras medidas que adoptó buscaba la reconciliación con una de las familias más influyentes de Italia, los Spoleto. Las relaciones con ellos se habían roto en tiempos de su antecesor, Esteban V. Para lograr ese acercamiento, decidió nombrar emperador a Guido de Spoleto, pero pronto se daría cuenta de que las ambiciones de este no tenían fin: estaba decidido a conquistar Italia, a despojar a la Iglesia de los Estados Pontificios y a reducir el papado a un mero obispado sin aspiraciones políticas.

Por ese motivo, Formoso solicitó ayuda a Arnulfo de Baviera, quien acudió en su auxilio. En esta batalla Guido encontró la muerte, lo que a Formoso le granjeó la enemistad eterna de su esposa, Agiltrudis, y de su hijo, Lamberto. Además, Formoso nombró emperador a Arnulfo en agradecimiento, y esto desencadenó revueltas en Roma. Formoso no llegó a verlo, pues falleció en abril del 896.

A su muerte, Agiltrudis nombró a Bonifacio VI como sucesor de Formoso, pero este papa duró solo quince días. Le sucedió Esteban VI, que gozaba del favor de los Spoleto, aunque a cambio le pidieron que se ocupase de desacreditar a su antecesor Formoso, cosa que llevaría a cabo de la manera más espantosa.

Esteban VI ordenó la exhumación del cadáver de Formoso para someterlo a juicio sumarísimo por sus pecados. El cuerpo del Papa, que llevaba enterrado nueve meses, se encontraba en un avanzado estado de descomposición. Pero tal circunstancia no lo frenó. Antes al contrario, obcecado, Esteban ordenó que lo vistiesen con los ornamentos pontificios y la mitra papal y que le ataran a una silla para que el cadáver no se escurriera de su asiento.

Cuentan las crónicas del Sínodo romano del 898 que, con las cuencas de los ojos vacías y algunas partes del rostro descarnado, Formoso escuchaba impertérrito los insultos y las acusaciones vertidas contra él. Uno de esos terribles pecados era que se había dejado nombrar papa, obispo de Roma, cuando ya era obispo de otra diócesis, Portus. Paradójicamente, ese era el mismo crimen que había cometido el que se erigía como juez, el papa Esteban VI, pero este, para evitar su propia acusación, declaró nulas las Actas de Formoso (que era quien le había nombrado a él).

El espectáculo estaba servido. Un diácono fue obligado a permanecer todo el juicio junto al cuerpo de Formoso. Prestó su voz al cadáver para declarar en nombre del acusado como abogado de oficio. El hedor era insoportable y este hombre apenas podía contener las arcadas.

Cuando por fin se dictó sentencia, esta, como cabía esperar, consideró al acusado «indigno servidor de la Iglesia, llegado a la silla papal de forma irregular [...] siendo por tanto un papa ilegítimo y que [...] todo cuanto había hecho, decretado y ordenado durante su papado era nulo de toda nulidad incluidas las ordenaciones que había llevado a cabo».

En ese momento se procedió a despojar violentamente al cadáver de todas sus vestiduras papales y quedó al descubierto el cilicio que llevó toda su vida para guardar penitencia. Luego la turba enfurecida le cortó los tres dedos con los que había impartido bendiciones. A continuación, el cuerpo fue arrojado primero a la «fosa de los condenados y los desconocidos» y después al río Tíber. Más tarde, un ermitaño recogió los restos y, gracias a esto, Formoso recibió en algún momento nueva sepultura. Todos aquellos que en algún momento recibieron su favor sufrieron también una terrible persecución.

Sin embargo, tanta maldad no habría de quedar impune. Pasados pocos meses, se derrumbó repentinamente la techumbre de la basílica de Letrán, sede papal, y el incidente se interpretó como un signo divino ante semejante iniquidad. Esteban VI fue depuesto y encerrado en prisión, donde moriría estrangulado.

La *damnatio memoriae* o el castigo de no haber nacido

Uno de los castigos aplicados a Formoso en su esperpéntico juicio fue la *damnatio memoriae* o «condena a la memoria». Consistía en eliminar por completo los archivos, documentos o cualquier evidencia del paso por el mundo de esa persona. Como si nunca hubiera existido.

Hay numerosos ejemplos de esta condena en la Historia. En tiempos romanos, algunos emperadores recibían por parte de sus sucesores tal venganza, pues normalmente estos últimos eran responsables de la caída de los primeros y buscaban consolidarse en el poder. Fue el caso de Caracalla, que condenó a su hermano, a quien asesinó primero. También tenemos ejemplos en Egipto, como Akenatón. Pero no hace falta irse tan lejos En la historia reciente existen «personajes que fueron eliminados». Así, Stalin mandó borrar cualquier rastro de enemigos como Trotski, Bujarin o Zinóviev.

Finalmente, la memoria de los condenados logró perdurar y llegar hasta nosotros. O… tal vez no.

13

El misterioso crujir de huesos

FECHA: AÑO 2005. Juan Pablo II se debatía entre la vida y la muerte en la Ciudad del Vaticano. Su fallecimiento pondría fin a un papado de casi veintisiete años.

LUGAR: ROMA. Basílica de San Juan de Letrán. Los ojos se fijaron en la tumba de Silvestre II, el papa del año 1000, un pontífice rodeado de gran misterio.

ANÉCDOTA: Silvestre II fue papa con el cambio de milenio, período de muchas supersticiones. Su nombramiento generó enormes expectativas. Al principio le llamaron «la esperanza de su siglo».

A finales de marzo del año 2005, Juan Pablo II agonizaba en su lecho de muerte. A sus ochenta y cuatro años y muy enfermo, el Papa llevaba una semana recibiendo el alimento por vía nasal y se encontraba muy débil. El mundo se mantenía expectante y, día y noche, una enorme multitud rezaba y hacía vigilia en la plaza de San Pedro orando por Wojtyla, tan querido. Sin embargo, de forma inevitable, unos ojos inquietos y timoratos se volvieron por primera vez en mucho tiempo hacia la basílica de San Juan de Letrán. En pleno siglo XXI, una vieja leyenda medieval volvía a estar de plena actualidad. La de la tumba de Silvestre II, el papa del año 1000.

Fue aclamado al ser elegido pontífice, pero pronto se desataron los rumores. Enseguida lo apodaron «el Mago» o «el Druida» y empezaron a asegurar que había hecho pactos con el diablo. Al parecer, Gerbert d'Aurillac, como se llamaba realmente Silvestre, ya desde crío visitaba a un ermitaño que vivía apartado en el bosque y al que todos temían. Más pudo en él la curiosidad que el miedo y comenzó a frecuentar su morada, donde habría aprendido los secretos de la magia celta. Se contaba además que, en cierta ocasión, unos monjes lo encontraron tallando un tubo de madera con el que quería estudiar las estrellas, y tanto los impresionó el muchacho que se lo llevaron con ellos para darle una educación. Ese fue el inicio de un amor por el saber que mantuvo toda su vida y de una sólida formación intelectual.

Sin duda, una de las historias más espeluznantes sobre Silvestre es la que cuenta que Satanás puso a un demonio femenino, un súcubo, para vigilarle. El nombre de esa dama de las tinieblas era Meridiana y su belleza estaba fuera de todo lo humanamente conocido. Ella no se separaba de él jamás y no tardó en sentirse cautivada por la sabiduría de Silvestre. Tan fuerte era la pasión que sentía, que renunció a su inmortalidad a cambio de poder estar junto a él. Se amancebaron mientras vivieron y al morir fueron enterrados juntos. La leyenda, de ser cierta, hubiera sido verdaderamente insólita, especialmente por lo inapropiado de enterrar a un pontífice en la sede papal con su amante.

Sin embargo, los relatos fantásticos tampoco terminan en este punto. Por el contrario, otras narraciones sugieren que la muerte encontró a Silvestre dando misa en la Santa Croce. Cuando comenzó a sentirse mal, tuvo un momento de arrepentimiento y decidió confesar que, efectivamente, desde muy joven había tenido tratos con el diablo y que por eso alguien tan humilde había logrado tanto poder. Silvestre pidió perdón y suplicó que en el instante en el que dejara de latir su corazón, lo descuartizaran y metieran sus restos en un carro tirado por bueyes. «Allá donde se paren, ellos indicarán el lugar donde debe hallarse mi sepulcro», recalcó. Acto seguido, el Pontífice falleció y los obispos cumplieron su última voluntad. Sorprendentemente, los animales se pararon justo en la basílica de San Juan de Letrán, y allí recibió sepultura. El amigo de Silvestre II, Sergio IV, mandó poner un conmovedor epitafio: «Llevaba un lustro realizando las funciones de Pedro cuando le sorprendió la muerte y el mundo se heló de espanto [...]».

A partir del sepelio, empezó a circular un nuevo relato, según el cual, al aproximarse la muerte de un papa, se oye con absoluta nitidez el crujido de los huesos de Silvestre II en el interior de su tumba como presagio. Al mismo tiempo comienza a manar de la piedra abundante agua, formando auténticos charcos de barro a su alrededor. Si todo esto pasa, no hay duda de que la Parca se acerca al sucesor de Pedro.

La pregunta obligada es: ¿quién fue ese Silvestre II y cuáles fueron sus actos para que aun tantos siglos después de su muerte no haya alcanzado el descanso eterno? Posiblemente la respuesta sea menos esotérica de lo que a muchos les gustaría. Y es que la leyenda que rodea a este papa sea tal vez solo eso, una leyenda.

Así, cuando en la madrugada del 2 de abril de 2005, Juan Pablo II pudo volver al fin a la casa del Padre, como él mismo dijo en polaco antes de exhalar su último aliento, nadie pudo decir sin faltar a la verdad que se hubiera visto o escuchado nada en los alrededores de la sepultura de Silvestre.

La efigie que le aconsejaba y predecía el futuro

Otra de las famosas leyendas que rodearon a este papa fue la de un supuesto busto de bronce que se había fabricado justo en tiempos de su nombramiento como pontífice. Se decía que la estatua estaba poseída por un demonio o una especie de espíritu burlón y que Silvestre la colocó estratégicamente en sus aposentos. Así, cuando le asaltaba alguna duda, le preguntaba a la efigie y esta afirmaba o negaba con un movimiento según la respuesta que tocase dar. Algunos llegaron a decir que la habían escuchado hablar. Otros aseguraban que podía incluso predecir el futuro.

De lo que no cabe duda es de que esos años del cambio de milenio estuvieron llenos de oscurantismo, superstición, miedo y misterio. En ese contexto siniestro se dio el caldo de cultivo perfecto para que aflorasen toda suerte de leyendas tan fantásticas como increíbles en torno al papa de la época, Silvestre.

14

El precursor de Leonardo da Vinci

FECHA: AÑOS 999-1003. Por entonces emergía con fuerza el Partido Nacionalista Autónomo, dirigido por Crescencio III, que deseaba devolver la República a Roma con la aquiescencia de diversos feudatarios italianos.

LUGAR: ROMA. Tras morir Gregorio V, en abril del 999 fue consagrado papa Gerbert d'Aurillac. La elección corrió a cargo del emperador Otón, siguiendo el consejo del abad de Cluny, Odilón.

ANÉCDOTA: El papa Silvestre II tuvo siempre una relación muy cordial con los emperadores durante su mandato como obispo, lo que resultó decisivo para su fulgurante carrera eclesiástica.

Si bien es cierto que este papa ha pasado a la Historia envuelto en leyendas sobrenaturales de magia, brujería y pactos con el diablo, no es menos cierto que fue un personaje sabio y erudito, muy adelantado a su tiempo y más propio de la luz del Renacimiento que de la oscuridad del medievo. Su fama, tras su misteriosa muerte en 1003, no se sabe si envenenado, víctima de la malaria o por qué causa, fue bastante nefasta e incluso fue relegado al olvido durante varios siglos. Sin embargo, fue precisamente en tiempos renacentistas cuando un historiador y cardenal italiano, César Baronio, limpió su imagen y retrató a Silvestre como el hombre ilustrado y adelantado a su época que fue. Por algo dicen que el paso del tiempo pone las cosas en su sitio.

En el ámbito político, Silvestre fue elegido para ocupar el solio de Pedro en unos años bastantes convulsos. A pesar de todo, llegó al puesto con una gran fuerza renovadora. Quería reformar la Iglesia y acabar con la simonía y la corrupción. En otro orden de cosas, su posición ante los nacionalismos fue firme y contó siempre con la alianza y protección del emperador. Sin embargo, en 1001 las cosas se tensaron tanto que una rebelión en la ciudad de Roma obligó a Otón III y a él mismo a huir a Rávena. Desde allí trataron sin éxito de restaurar el orden en dos ocasiones. A la tercera, el emperador murió víctima de extrañas fiebres. Sin apoyos ni protección, la nobleza romana se dirigió a Silvestre y le permitió volver a Roma si aceptaba el nuevo orden político. El Papa aceptó, pero desde ese momento se limitaría a despachar burocráticamente cuestiones religiosas, dejando a un lado sus viejas pretensiones reformistas y cualquier ambición política que hubiera podido tener previamente.

Esta actitud, no obstante, no le restó un ápice de carisma en el tema intelectual. Amante del saber y del estudio,

Silvestre II nunca dejó de sorprender por su amor por distintas ramas del conocimiento. Su formación comenzó muy pronto, primero en el monasterio de Saint-Géraud d'Aurillac, donde se formó en Gramática, Retórica y Dialéctica (*Trivium*), para luego viajar a Cataluña donde pasó tres años en el monasterio de Santa María de Ripoll estudiando, entre otras cosas, Astronomía y Matemáticas.

Cuentan que en ese tiempo viajó por toda la península Ibérica, por entonces bajo la ocupación musulmana, y que entró en contacto con el saber de la ciencia árabe, que le fascinó. Tanto fue así que años más tarde introduciría entre los clérigos el empleo de la numeración árabe, el sistema decimal y el uso del cero, que fueron claves en operaciones tales como la división.

Su formación no terminaba aquí, sino que más adelante continuaría sus estudios en Reims, donde aprendió Geometría, Aritmética, Música y Astronomía (*Quadrivium*). También se interesó por la Teología y la Filosofía. En definitiva, llegó a ser un auténtico erudito de su tiempo.

Sin embargo, lo más fascinante de este sabio medieval es que no se limitó su afán de aprender a adquirir conocimientos teóricos, sino que, como un verdadero Leonardo da Vinci, quiso poner en práctica todo lo aprendido de diversas maneras y formas. A él le debemos numerosos ensayos filosóficos, pero más interesante si cabe fueron sus inventos. Incansable, trabajó en algunos instrumentos de lo más curiosos. Cabe mencionar el ábaco de Gerberto. Era un aparato con veintisiete compartimentos de metal donde se depositaban nueve fichas con los números grabados. En columnas se disponían unidades, decenas, centenas, etc.

Con este sistema se podía multiplicar y dividir fácilmente. El invento era, en realidad, un antecedente de las modernas calculadoras de nuestros días.

También se le atribuye la construcción de una suerte de relojes pendulares, de un globo terrestre, de varios órganos y de un monocordio, compuesto por una caja de resonancia sobre la cual se tensaba una cuerda con la que se medían las vibraciones sonoras y los intervalos musicales en algo parecido a lo que luego se ha llamado tonos y semitonos de las notas.

Como se puede apreciar, Silvestre era una persona creativa e inquieta, un verdadero personaje novelesco, un papa alejado de esa figura siniestra que muestran algunas de las leyendas que hablan de sus tratos con Satanás y de su afición a la cábala, el sufismo y la brujería. Antes al contrario, dejó tras de sí un gran legado y numerosos cachivaches ligados al saber científico y a las matemáticas y las humanidades.

El lenguaje secreto de Silvestre II

Asimismo, inventó un lenguaje en clave. Para ello se inspiró en una escritura abreviada que recuperó de Marco Tulio Tirón, quien fuera secretario y escriba de Cicerón, famoso orador y filósofo del siglo I a.C. Consistía en una serie de notas taquigráficas con las que se lograba un sustancial ahorro de tiempo al escribir pero que por misteriosas razones había quedado en desuso hasta que Silvestre lo redescubrió. Dándose cuenta del valor que tenía disponer de un sistema de comunicación que poseía la ventaja de ser incomprensible para los profanos en la materia, configuró todo un alfabeto compuesto de símbolos y signos. Como si fuera uno de los misteriosos espías de las dos guerras mundiales, el papa Silvestre comprendió que lo que tenía entre manos era un poderoso mecanismo para pasar información sin que sus enemigos pudieran desencriptarla. De esta forma, solamente aquellos que estaban en el secreto podían descodificar sus mensajes.

15

Juan XII, ¿el peor papa de la Historia?

FECHA: AÑO 955. «Este adolescente –escribe Hayward, en alusión a Juan XII– es tal vez el peor de todos los pontífices que se han sucedido en la cátedra de Pedro.»

LUGAR: ROMA. Liutprando de Cremona, historiador lombardo y obispo de Cremona, afirmó por su parte sobre este papa: «Hizo del palacio sagrado una casa de meretrices».

ANÉCDOTA: Una vez depuesto, intentó vengarse de su sucesor León VIII, quien logró escapar en el último momento, a diferencia de algunos súbditos suyos, que sufrieron crueles torturas.

Que todos los papas de la Iglesia no fueron santos de pedestal, valga esta redundante expresión, constituye una obviedad histórica en sí misma, pero tampoco es menos cierto que han existido también pontífices que no se comportaron precisamente como hermanitas de la caridad…

Tal es el caso de nuestro nuevo protagonista: Octaviano de Túsculo, que reinó con el nombre de Juan XII entre los años 955 y 964, convertido así en el papa número 130 de la Iglesia católica.

Si nos atenemos al testimonio del abate Mourret, recogido por Fernand Hayward en su célebre obra *Histoire des Papes*, publicada en París en 1929 con licencia eclesiástica, el lector no albergaría duda alguna de cuanto decimos. Veamos, si no: «Este adolescente es tal vez el peor de todos los pontífices que se han sucedido en la cátedra de Pedro. En lugar de visitar iglesias, pasaba sus días y noches jugando, cazando o en orgías... Por eso mismo, es ya más que notable que jamás hubiese pronunciado una sola palabra contraria a los dogmas de la Iglesia. Sus bulas, de hecho, son irreprochables».

¿Verdad o leyenda negra, tal vez...? Por desgracia, este testimonio no constituye una mera excepción: el monje Benito de Soratte, recluido en el monasterio benedictino del mismo nombre, enclavado en una cordillera en la ciudad metropolitana de Roma, hizo constar en su día que el papa en cuestión disfrutaba con su «colección de mujeres» en su residencia pontificia de Letrán. Casi nada.

Liutprando de Cremona, por su parte, daba cuenta en su ya clásica obra *Antapodosis* de la cadena de adulterios de este singular pontífice con la concubina de su padre, Estefanía, y hasta con su propia sobrina. «Hizo del palacio sagrado una casa de meretrices», sentenció sin pelos en la lengua.

Juan XII era hijo de Alberico II, marqués de Camerino e hijo a su vez de Alberico I y de Marozia, además de hermano del papa Juan XI. Alberico II era príncipe y senador de los romanos y arrebató el poder a su madre, que retuvo consigo durante más de veinte años, hasta su misma muerte acaecida en el año 954. El profesor José Orlandis destaca, precisamente, el craso error cometido por el padre de nuestro protagonista: «La mayor falta —escribe este reputado historiador— la cometió en vísperas de su muerte, al hacer jurar a los romanos que, cuando falleciera el pontífice reinante Agapito II (946-955), elegirían como sucesor a Octaviano, el joven hijo de Alberico».

Es evidente, a juzgar por los hechos, que los romanos cumplieron a rajatabla su palabra dada y que solo así este adolescente de diecisiete años pudo ascender de modo tan fulgurante, como imprevisto, al solio de Pedro.

En honor a la verdad, tampoco debemos pasar por alto el gran acierto de Juan XII al llevar a cabo la histórica coronación imperial de Otón I junto con su esposa Adelaida, en el año 962, que tanta trascendencia tuvo en el futuro de la cristiandad europea.

De hecho, tal y como advirtió Orlandis, durante cuarenta años consecutivos nada menos, hasta la muerte de Otón III en el año 1003, los tres emperadores otónidas —padre, hijo y nieto— hicieron lo indecible para proteger el pontificado frente al clan familiar de los Crescencio, líderes de la nobleza romana de la época.

Sea como fuere, gracias a la coronación promovida y ejecutada por Juan XII pudo ser restaurado finalmente el imperio de Carlomagno, conocido cuatro siglos después con el nombre de Sacro Imperio Romano Germánico.

Pero tras este importante paréntesis histórico, añadiremos que la historia de este papa nefasto empezó tan mal como terminó. Después de tomar parte en un complot contra el emperador Otón I, el papa Juan XII fue convocado a Roma para un sínodo, el 6 de noviembre del año 963, a raíz del cual fue depuesto por contumacia y sustituido finalmente por León VIII. El emperador Otón I se había visto obligado a creer finalmente en la traición del Papa al obtener las pruebas fehacientes de que había mantenido contactos a sus espaldas con griegos y hasta con sarracenos para derribarle del trono, cual Judas Iscariote de la cristiandad.

Juan XII, naturalmente, huyó de Roma llevándose consigo los tesoros de la Iglesia. Y con idéntica cobardía, regresó a la capital romana cuando el emperador ya no estaba para vengarse del papa León VIII, quien logró escapar *in extremis*; no sucedió lo mismo con varios de sus súbditos, los cuales fueron cruelmente torturados.

A GOLPES DE MARTILLO

El fallecimiento del papa Juan XII sigue siendo objeto de controversia hoy en día. Lo único que parece probado es que tuvo una muerte violenta. El historiador y político francés Pierre Lanfrey mantenía ya en el siglo XIX que este pontífice «murió a golpes de martillo de un marido celoso». Sea o no cierto, no cabe la menor duda de que Juan XII, como sostiene también este autor, «estaba manchado de incestos y adulterios».

Y no satisfecho con esto, Lanfrey añadía sin tapujos que nuestro protagonista «ordenaba a los sacerdotes en una cuadra e invocaba a Venus y a Baco, como le correspondía por ser franco pagano, lo que le reprochaba gravemente el emperador Otón en una de sus cartas». Por desgracia, Juan XII se ganó a pulso con su indecoroso pontificado pasar a la Historia como uno de los peores papas, si no el peor, de tan legendaria institución.

16

La Tregua de Dios

FECHA: AÑOS 1012-1024. Las familias nobles de Roma seguían disputándose el poder y las luchas entre distintos clanes eran encarnizadas en la Ciudad Eterna, afectando inevitablemente al papado de Roma.

LUGAR: ROMA. Al fallecer Sergio IV, los Túsculo nombraron papa a su hijo Teofilacto con el nombre de Benedicto VIII. Sin embargo, otra familia impuso al antipapa Gregorio VI.

ANÉCDOTA: El poder de las familias feudales era tal, que al morir Benedicto VIII, los Túsculo consiguieron nombrar papa a su otro hijo, Juan XIX, que era seglar.

En el año 1012, tan solo seis días después de la muerte de Sergio IV, fue elegido papa Benedicto VIII. Era laico y no tenía tales pretensiones, pero su destino tuvo mucho que ver con la mediación de sus padres, Gregorio y María, condes de Túsculo, que aspiraban a lograr hacerse con el poder de la ciudad de Roma. La cosa, sin embargo, no iba a ser un asunto tan sencillo para esta familia noble. Cuando aún estaba reciente el nombramiento de su hijo, los Crescencio, que eran enemigos de los Túsculo, impusieron por la fuerza al antipapa Gregorio VI y obligaron a Benedicto a abandonar la ciudad. Las luchas de ambas familias rivales fueron terribles en esa época, dignas de las más conocidas tragedias de Shakespeare.

Sin embargo, un año y medio después de estos hechos, logró Benedicto VIII ser repuesto en el papado gracias a la inestimable ayuda de Enrique II de Sajonia. A cambio de su apoyo, Benedicto le coronó emperador del Sacro Imperio Romano Germánico ese mismo año, junto a su mujer, que se convirtió en la emperatriz Cunigunda. En el acto de coronación, por primera vez en Occidente, el emperador recibió del Papa no solo la corona, sino el globo con la cruz como símbolo del poder universal. La amistad entre ambos perduró toda su vida, de acuerdo con las crónicas de esa época. Así, se dice que en el viaje que hizo Benedicto para la coronación de Enrique, consiguió que este ratificara el decreto promulgado por sus predecesores Carlomagno y Otón I en relación con las donaciones que ellos habían hecho a la Iglesia durante sus respectivos reinados.

Con todo, posiblemente lo más curioso y llamativo del papado de Benedicto VIII fue, sin lugar a dudas, su pretensión algo romántica de regular las contiendas y luchas armadas. En un tiempo en que las rencillas entre familias, las disputas políticas y las continuas desavenencias por el control y el poder eran algo tan dramáticamente habitual, cuesta pensar en cómo tratar de poner algún tipo de orden en todo ese caos.

Pensemos en que la guerra era constante en ese tiempo y con ella venían de la mano las sacas, la toma de castillos y fortalezas e incluso el expolio y los saqueos a lugares santos, o a las iglesias. Nadie se salvaba del vandalismo, y precisamente de ese contexto surgió la idea de Benedicto.

Para dar forma a su propósito, el Papa articuló un decreto que se conoció como «la Tregua de Dios». Con este rimbombante nombre, que más parece una profecía que un decreto eclesiástico, trató de imponer algunas reglas en torno a los conflictos bélicos entre príncipes cristianos. Y no se trataba de algo completamente nuevo que hubiera inventado el propio Benedicto. Antes al contrario, este decreto había surgido con anterioridad. Se trataba de un antiguo mandato de la Iglesia por el que se pretendía defender a los más humildes frente a los señores feudales y que se conocía en su tiempo como «la Paz de Dios».

Se preguntará el lector en qué consistían esas reglas. Pues lo cierto es que fueron una serie de medidas que tuvieron su enjundia como lo prueba el hecho de que evolucionaron con el transcurso del tiempo, ampliando su alcance y extensión.

Así, en un principio se trató solo de una prohibición por la cual debía cesar cualquier hostilidad entre los bandos, en el tiempo comprendido entre el sábado por la noche y el lunes por la mañana. Algo asimilable a la idea contemporánea de que se descansen los días no laborables. Más tarde, cuando heredó el papado Juan XIX, este lo amplió a toda guerra privada, y posteriormente Benedicto IX extendió el período de descanso desde la salida del sol del viernes hasta la del lunes. Pero la cosa no quedó aquí. En algún momento decidieron que también era conveniente el alto el fuego en el Adviento, durante el período navideño, en Cuaresma y durante la celebración de la Pascua. El mandato era serio, pues aquel que osara incumplirlo quedaría inmediatamente excomulgado.

Inicialmente se adoptó el decreto en países como Francia, Italia y Alemania. Pero habría que esperar al III Concilio de Letrán (Undécimo Concilio Ecuménico), celebrado en el año 1179, para que la medida se hiciera obligatoria en toda la cristiandad de Occidente por el canon XXI «*De treugis servandis*». Junto a este se aprobó una norma adicional por la cual se prohibía el uso de la ballesta contra los cristianos, pero no contra los infieles.

Otras medidas del papa Benedicto

Este pontífice fue uno de los pocos que consiguió antes de su muerte, acaecida el 9 de abril de 1024, ser poderoso en Roma e importante fuera de ella. En lo político, combatió contra los sarracenos que habían avanzado hasta Pisa y, además, derrotó con ayuda de Nápoles, Génova y Pisa a los bizantinos, que amenazaban las regiones meridionales. En el ámbito eclesiástico, durante el transcurso de su pontificado acometió diversas iniciativas para tratar de reformar la Iglesia. Así, combatió la simonía que tanto se había generalizado, y trató de hacer cumplir el celibato sacerdotal, pues se sabía que muchos sacerdotes vivían en concubinato y hasta tenían hijos. Para ello, en 1022 convocó el Sínodo de Pavía, al que acudió también el emperador Enrique II. Adicionalmente, incorporó el Credo de Nicea a la liturgia, de tal manera que se sigue recitando en la actualidad en la celebración de la misa.

17

Un papa, tres papados

FECHA: AÑOS 1048-1055. Tras ser depuesto de su tercer papado, después de tan solo ocho meses, Benedicto IX se retiró a San Basilio en la abadía de Grottaferrata.

LUGAR: GROTTAFERRATA (ROMA). Allí, el abad que sería canonizado como san Bartolomeo, habló de forma categórica a Benedicto IX y le conminó a renunciar al papado y a hacer penitencia.

ANÉCDOTA: Un canto litúrgico a Bartolomeo dice: «Cuando viste al Romano Pontífice destronado, supiste persuadirle a que renunciase a la tiara y acabase sus días en un monasterio».

Bajó la mirada Benedicto IX cuando los ojos de san Bartolomeo se clavaban como puñales en los suyos. Ante las reprimendas del abad se sintió como un niño. Como aquel muchacho que era cuando le entronizaron papa por primera vez. No recordaba su edad, pero no había cumplido aún los quince, eso seguro. Se sintió abrumado por la responsabilidad, pero no pudo compartir ese sentimiento con nadie. Su padre, Alberico III, uno de los nobles más importantes de Roma, un Túsculo para más señas, si hubiera intuido su miedo, lo habría zarandeado con fuerza y le hubiera espetado sin demasiados miramientos que la tiara era su herencia de pleno derecho, y posiblemente su razón de ser. «¡Deja de portarte como un pusilánime!», hubiera ordenado tajante.

De modo que eso fue lo que hizo. Dejó de portarse como un timorato y se convirtió en el Rimbaud, el Mozart de los papas, como le llamó jocosamente Dante más tarde, aunque eso él ya no lo vio, claro.

«Un demonio disfrazado ocupa la silla de Pedro», exclamaban muchos, pensando que a él no le llegaban los rumores. Podía haberlos excomulgado a todos, pero no lo hizo porque tenían razón. Le gustaban las fiestas, el alcohol, las mujeres y el desenfreno. Le gustaba probar cosas nuevas para divertirse y poner a prueba su poder.

Aunque Benedicto sabía que la Historia le juzgaría con dureza, tal vez más incluso que ese abad que le reprendió, no llegó a vislumbrar la mala fama que alcanzaría. Así, de él se dijo que llevó a la máxima degradación el papado, que después de Juan XII fue el peor papa de la Historia. El sacerdote e historiador francés Louis Marie Olivier Duchesne afirmó que fue «un mero golfillo que con los años del papado se convirtió en un ser agresivo», y añadió que «el niño papa manifestó una precocidad inusual para todo tipo de mal».

«No te queda mucho», vaticinó san Bartolomeo, trayéndole de vuelta a la realidad. «El Sacramento de Reconciliación es el único que puede ayudarte a morir en la Gracia de Dios», le recordó. Y Benedicto comprendió que tenía razón.

Miró el suelo de piedra. Estaba arrodillado y la piedra fría y dura se le clavaba en las rodillas. El que fue papa tres veces se preguntó por dónde debía empezar a arrepentirse.

En su primer período como papa entre 1032 y 1044 hizo de todo. Le acusaron de libertinaje y de vicioso, de practicar incluso incesto con su hermana. Entonces fue depuesto por Silvestre III y se vio obligado a refugiarse allí, en Grottaferrata, donde conoció al abad y se sintió ya entonces impresionado por su clarividencia.

Luego los Túsculo le obligaron a volver a Roma; fue a la muerte de Silvestre en 1045. Benedicto volvió, en efecto, pero ya estaba harto de todas aquellas intrigas y quería ser un tipo normal, así que se marchó para casarse, dejando el papado en manos de su primo, que era alguien mucho más apropiado que él para dedicarse a apacentar a las ovejas.

Sin embargo, hubo una tercera vez. Fue después de morir Clemente II, quien sucedió a su primo Gregorio VI. Hostigado por los suyos, reclamó sus derechos y regresó, aunque en esta ocasión solo duró ocho meses en la silla. Nada más. Siendo honesto, ser depuesto le molestaba más en su prurito personal que en el hecho de ostentar o no el título de papa. Hasta agradecía el retiro, el silencio y la soledad.

Pero si se trata de seleccionar el peor de sus pecados, lo tenía claro. Lo peor era no haber sido capaz de mostrar respeto por el solio de Pedro. Jamás lo hizo. Inconsciencia y falta de madurez, se justificaba. Recordaba las caras de espanto cuando dijo que renunciaba a la tiara en favor de Juan, su primo y padrino, Gregorio VI. Le llamaron Judas porque había vendido el solio por un puñado de monedas de oro. Y todo para casarse, lo cual escandalizó a todo el mundo aún más. La simonía era uno de los pecados más graves. Sí, definitivamente él mismo lo consideraba su mayor infamia.

Por primera vez, Benedicto levantó la cabeza y miró a san Bartolomeo, que guardaba silencio con las manos juntas en señal de oración. «Tienes razón. Haré como dices», le dijo, y el abad sonrió por primera vez, satisfecho.

Así moriría, en retiro y penitencia, este papa que tuvo tres papados, tres papados que en el anuario de los papas aparecen como el 145, el 147 y el 150. ¡Todo un personaje!

Su sucesor, Dámaso II, solo fue papa veintitrés días

Tras la degradación y los escándalos de Benedicto IX, Enrique III recibió en Sajonia a una embajada de Roma que le comunicó la muerte de Clemente II y le pidió que pusiera en la silla de san Pedro a alguien que fuera digno de ser su sucesor. Depusieron a Benedicto y barajaron el nombre de Halinard, arzobispo de Lyon, bastante popular en Roma, pero finalmente el emperador optó por Poppo de Bressanone, un bávaro que era obispo de Brixen. Este fue entronizado el 17 de julio de 1048 con el nombre de Dámaso II en Roma. Sin embargo, su papado no pudo ser más fugaz ya que solo duró veintitrés días. Según parece, se marchó a Palestina a pasar el verano, agobiado por el calor que hacía en Roma en esos meses. Allí, el 9 de agosto de ese mismo año, murió víctima de la malaria.

18

Cum clavis («bajo llave»)

FECHA: AÑO 1059. Tras su discutida elección, Nicolás II convocó el Sínodo de Letrán, donde introdujo reformas importantes para la Iglesia, especialmente las relativas al proceso de elección papal.

LUGAR: LETRÁN (ROMA). El Sínodo tenía otros fines también: evitar la simonía, excomulgar a sacerdotes casados que no repudiasen a sus esposas y prohibirles dar misa estando en esa situación.

ANÉCDOTA: Al morir Esteban IX, los Túsculo impusieron a Benedicto X, que sería considerado antipapa. En paralelo se convocó en Siena un encuentro y salió elegido Nicolás II.

La gran preocupación que subyace en la elección de aquel que debe ocupar el solio de Pedro es cómo evitar la influencia externa en la decisión, sobre todo la política. Nicolás II no fue ajeno a tal cuestión pues la sufrió en sus propias carnes cuando fue elegido papa en Siena. De modo que, cuando convocó el Sínodo de Letrán en 1059, tenía una cosa en mente: hacer cuanto estuviera en su mano para evitar que el emperador y las familias nobles interfirieran en decisiones que eran, o más bien deberían ser, competencia exclusiva de la Iglesia.

Estas influencias no eran meras intrigas palaciegas, sino que venían amparadas por privilegios históricos muy arraigados, como el *Constituio Lotharii* y el *Privilegium Ottonianum*. Por eso sabía que lo que estaba a punto de hacer levantaría todo tipo de ampollas en la corte de Enrique IV y sería letal en las relaciones entre el imperio y la Iglesia.

No obstante, el Pontífice asumió su misión con estoicismo. Decidió, en primer lugar, que en la medida de lo posible el candidato debía ser del clero. Además, la aprobación o rechazo del candidato concernía a todo el colegio cardenalicio, obispos o presbíteros. Por la negativa podemos leer que no fue por tanto una decisión de nobles ni de gobernantes. El resto del clero y el pueblo solamente tenían el papel cuasi formal de aprobar posteriormente al papa electo. Y lo más espinoso de todo era que el emperador solo tendría derecho de consenso y no de oposición.

Podemos imaginarnos el golpe en la mesa que debió de dar Enrique IV al conocer estos decretos. En todo caso, la enemistad del emperador fue un hecho y este trató de invalidar el Sínodo a la muerte de Nicolás. Sea como fuere, y a pesar de que durante algunos años el sistema no se usara, la reforma en la elección papal de Nicolás fue el embrión de lo que hoy conocemos como «cónclave papal» o *cum clavis*, que se traduce como «bajo llave». Esta tradición es sinónimo de intriga. Y es que toda la ceremonia está envuelta en un halo de secretismo y misterio.

Pero ¿en qué consiste el cónclave actualmente? Se trata de una reunión del colegio cardenalicio para elegir a un nuevo papa que se produce con el máximo aislamiento y reclusión para preservar esa independencia de juicio que inspiró a Nicolás. Así, en la tradición actual, en el momento de la votación, los cardenales, con sus ropajes blancos y rojos, se encierran a cal y canto en la Capilla Sixtina, y después de entonar el *Veni Creator Spiritus* y prestar juramento de obediencia a las normas, comienzan las votaciones.

Cuando cada cardenal ha expresado su voto, dobla dos veces su papeleta y la lleva en alto hasta el altar, delante del cual están los escrutadores y sobre el que se ha colocado una urna cubierta con un plato para recoger los votos. Una vez allí, el cardenal votante pronuncia en voz alta el juramento: «Pongo por testigo a Cristo Señor, el cual me juzgará, que doy mi voto a quien, en presencia de Dios, creo que debe ser elegido».

Cuando se recuentan los votos se van cosiendo con un hilo, y si no se logra la mayoría, se repiten las votaciones. Cada dos votaciones se queman las papeletas, pero los resultados se recogen en un acta que se archiva en el Vaticano y que nadie podrá abrir hasta pasados cincuenta años desde el cónclave. Una vez se tiene por mayoría al elegido, este debe prestar su consentimiento y elegir el nombre con el que desea ser conocido a partir de ese momento.

Volviendo de nuevo al tema de la reclusión hay que decir que las cosas han evolucionado mucho, ya que si nos retrotraemos a 1241, tras la muerte de Gregorio IX, un senador romano que trataba de evitar que Federico II amañara la elección de un sucesor, encerró en condiciones deplorables y de máximo aislamiento a diez cardenales. Cuando al término de dos meses salió elegido Celestino IV, duró solamente diecisiete días por la mala salud que tenía tras el espantoso cautiverio. En nuestro tiempo, concretamente en 1996, Juan Pablo II estableció en el *Universi Dominici Gregis* que los cardenales puedan hospedarse en las habitaciones de la residencia de Santa Marta en el propio Vaticano, aunque alejados, eso sí, de todo contacto con el exterior. Y para evitar cualquier tentación, hay inhibidores de frecuencia por todo el territorio. Que las nuevas tecnologías, a veces, las carga el diablo.

La fumata

La fumata es el modo en que se comunica al pueblo cómo transcurren las votaciones en el cónclave. Cada dos votaciones se queman las papeletas en una estufa. Antiguamente el humo, cuando no había papa aún, salía negro porque se mezclaba con paja húmeda, mientras que cuando sí lo había, salía blanco porque se quemaba con paja seca. Hoy sin embargo se usan químicos para ayudar a que los colores sean más evidentes, aunque la historia reciente está llena de anécdotas en las que las cosas no salieron bien. Por ejemplo, la elección de Pío XII tuvo que ser anunciada por megafonía ante los intentos fallidos de que la fumata saliera blanca. Con Juan Pablo II, los periodistas protestaron porque el humo se veía gris. Y el caso de Benedicto XVI tuvo aún más gracia. Al parecer, la chimenea dio problemas y toda la Capilla Sixtina se llenó de humo… y ¡de toses!

19

El penitente «arrepentido»

FECHA: AÑO 1077. Estamos en una época en la que se hablaba del «cesaropapismo», que hacía referencia a que el emperador dispensaba alegremente cargos eclesiásticos como si tal cosa.

LUGAR: Castillo de Canossa (norte de Italia). Fue el lugar donde tuvo lugar la Querella de las Investiduras, un enfrentamiento entre Enrique IV y el papa Gregorio VII.

ANÉCDOTA: La Querella de las Investiduras surgió cuando, recién nombrado Gregorio, que fue un gran reformista, prohibió tajantemente el otorgamiento de títulos eclesiásticos por parte de autoridades laicas.

Hildebrando Aldobrandeschi fue elegido papa por una aclamación popular de tal magnitud, que resultó imposible de ignorar por parte de los cardenales, quienes, más tarde, refrendaron su nombramiento.

Así, a la muerte de Alejandro II en 1073, el clero y el pueblo que asistían al funeral empezaron a chillar: «¡Hildebrando, papa! ¡Hildebrando, papa!». Aunque este no quería y estaba incluso decidido a dirigirse a los presentes para negarse rotundamente, un obispo se le adelantó y exclamó en voz alta a todos los presentes que nadie en la Iglesia estaba tan preparado como Hildebrando para ocupar el solio de Pedro. Entonces la multitud enardecida comenzó a vitorearle y a corear «¡san Pedro ha escogido a Hildebrando para que sea papa!» mientras unos fieles lo aupaban y lo entronizaban en la silla de Pedro. La suerte estaba echada.

Hildebrando, una vez consagrado, tuvo que enfrentarse a un pontificado muy difícil, pero sin duda extraordinario, que estuvo marcado por su afán de reformar una Iglesia aquejada de enormes problemas de corrupción, simonía y desórdenes. Tal vez por eso resultó especialmente premonitorio que cambiara su nombre de Hildebrando, que quiere decir «espada de batallador», por Gregorio, que significa «el que vigila».

Sin embargo, Gregorio VII tenía una dilatada experiencia en el seno de la Iglesia. Fue secretario de Gregorio VI hasta su muerte en 1047. Luego se refugió en Cluny, donde tuvo a san Odilón y a san Hugo como maestros espirituales. Allí permaneció hasta que León IX le llamó a Roma y le convirtió en administrador del Tesoro o ecónomo del Vaticano. Durante ese tiempo se convirtió en uno de los hombres de más confianza del Papa y un gran impulsor de la reforma de la Iglesia.

Por ello, una vez ceñida la tiara papal, a nadie debió de extrañar que intensificara su lucha contra el cesaropapismo o la entrega de cargos eclesiásticos por parte de nobles y gobernantes. De hecho, estos ideales le llevaron a promulgar el *Dictatus Papae*, su obra maestra. En ella establecía cómo debía ser la figura del Papa, situándola por encima de cualquier otro cargo o poder dentro y fuera de la Iglesia, y proclamando la independencia de esta respecto de cualquier poder político o terrenal.

Imaginará el lector que esta posición tan firme le llevó a un importante enfrentamiento con el entonces emperador Enrique IV, quien desde un principio declaró que no le obedecería. Gregorio respondió con mano férrea y le excomulgó. No había calibrado Enrique las consecuencias de su actitud, pues al quedar excomulgado, los nobles alemanes quedaban dispensados de rendirle pleitesía y obediencia, con lo que su trono se vio seriamente amenazado.

Rápidamente tramó Enrique IV la manera de congraciarse de nuevo con el Papa. Se personó en el castillo de Canossa, donde estaba Gregorio, pero no lo hizo con sus lujosos ropajes de emperador, sino vestido como un humilde penitente que suplicaba el perdón papal. Con esa estratagema puso en un brete a san Gregorio. ¿Cómo negar el perdón a un pecador arrepentido? Difícil decisión.

Aun así, por tres días y tres noches, el Pontífice se negó a recibirle y tuvo a Enrique bajo la nieve y el frío, ante las puertas del castillo de la gran Matilde de Canossa, sin dar su brazo a torcer. Al final de ese tiempo, Gregorio accedió a entrevistarse con el emperador y, luego de oírle en confesión, levantó la excomunión.

Como cabía esperar, Enrique IV no cumplió lo pactado en aquella reunión. La humillación de Canossa había sido solo una farsa para poder legitimar su poder y aplacar una posible revolución que amenazaba gravemente su posición en el imperio. Una vez recuperado el mando, incumplió todas las condiciones del acuerdo y obligó a Gregorio a excomulgarle por segunda vez. Corría el año 1080.

En esta ocasión, las cosas resultaron ser bien distintas. Enrique IV ya había iniciado un terrible asedio contra el Papa. En primer lugar, sembró la división entre obispos y cardenales. Así, treinta obispos alemanes, en un sínodo celebrado en el mismo año en Brixen, declararon al Papa hereje y le acusaron de simonía y de pactos con el diablo, manchando su reputación. Entretanto, los ejércitos del emperador avanzaban exitosamente con intención de tomar la ciudad de Roma. Lo consiguieron en 1084 y depusieron a Gregorio VII en favor de Guiberto de Rávena, quien fue consagrado como Clemente III. Así las cosas, Gregorio tuvo que huir y ser rescatado con ayuda de Roberto Guiscardo, se refugió en Sant'Angelo y de allí fue trasladado a Salerno, donde murió en 1085.

Sus últimas palabras

Tan tristes como famosas fueron las últimas palabras que pronunció san Gregorio antes de exhalar su último aliento. En su lecho de muerte, expresó su desolación por los recientes acontecimientos que habían motivado su exilio: «He amado la justicia y odiado la iniquidad. Por eso muero en el destierro».

La sensación con la que posiblemente abandonó este mundo debió de ser la de que sus enemigos le habían ganado la partida. Sin embargo, las cosas no fueron así, aunque hubo que esperar un cierto tiempo para poder constatarlo. Poco a poco, se fueron imponiendo sus ideas y la reforma fue calando en la Iglesia católica hasta el punto de que hoy es considerado por muchos historiadores como uno de los papas más dignos de admiración. En palabras de Augustin Fliche, autor de *La reforma gregoriana*, «se trató de un santo de dimensiones capaces de cambiar el mundo».

Fue canonizado en 1606.

20

Urbano II y el insólito matrimonio de la anciana y el niño

FECHA: AÑO 1089. El antipapa Clemente III, apoyado por Enrique IV, se atrincheró en el palacio de Letrán, impidiendo así que Urbano II fuera consagrado a pesar de su nombramiento.

LUGAR: ROMA. Mientras ocupó Roma, Clemente III celebró un sínodo condenando la simonía. Sin embargo, guardó silencio respecto a las investiduras laicas para no perder el favor del emperador.

ANÉCDOTA: Tras una batalla agotadora, Urbano expulsó a Clemente III de Roma luego de excomulgarle. El antipapa continuó conspirando por el papado hasta su muerte en 1100.

La elección de este papa, así como la lucha que tuvo que protagonizar hasta poder ocupar el solio de Pedro, viene aderezada con alguna de las anécdotas más curiosas que el lector pueda imaginar.

Para empezar, si bien Odón de Châtillon, como así se llamaba en realidad Urbano II, fue elegido el 12 de marzo de 1088, no le fue posible ocupar el palacio de Letrán hasta junio de 1089, fecha en la que tras una batalla desde la isla de Tíber (hoy conocida como San Bartolomeo all'Isola), y contando con el apoyo de los normandos, logró expulsar a Clemente III.

En este contexto se empezó a fraguar toda una maniobra política tan increíble como audaz. Urbano consiguió que se concertara exitosamente el matrimonio entre el duque Welfo V (o Güelfo V), heredero de Baviera, con la Gran Condesa. Esta no era otra que Matilde de Toscana, condesa de Canossa, quien ostentaba su poder y señorío sobre territorios de media Italia y que, ya en tiempos de Gregorio VII, había demostrado ser una aliada de excepción y el mejor de los apoyos para el Papa de Roma, tras su participación en el famoso encuentro entre Enrique IV y Gregorio VII, con ocasión de la Querella de las Investiduras.

Esta maniobra podía considerarse magistral desde una perspectiva política al permitir al Pontífice recuperar cierta influencia sobre Alemania y lograr nuevos apoyos, pero es innegable que dejaba como resultado una insólita y extravagante pareja. Hay que tener en cuenta que la condesa contaba en aquel momento cuarenta y tres años, toda una veteranía para los estándares de la época. Además, era la viuda de Godofredo el Jorobado, quien en vida había apoyado a Enrique IV. Por su parte, el novio era tan solo un muchacho que apenas alcanzaba los diecisiete años y que según algunas crónicas no se mostraba excesivamente encandilado con los encantos de su nueva esposa, veintiséis años mayor que él.

A pesar de todo, los cónyuges contrajeron matrimonio y unieron sus destinos por el bien de la Iglesia, al menos temporalmente. Al cabo de un tiempo, en 1095, se separaron sin dejar descendencia común.

Por su parte, junto con esta alianza, Urbano II alcanzó otros acuerdos que también fueron esenciales y de gran trascendencia y calado. Por un lado, Roger, rey de Sicilia y Nápoles, sucesor de Roberto Guiscardo, le confirió su apoyo y vasallaje. Por otro, y casi al mismo tiempo, Sancho Ramírez de Aragón hizo lo propio. Nada desdeñable resultó el acercamiento y la cordial relación que el Pontífice logró establecer con el emperador bizantino, Alejo Comneno, posibilitando un entendimiento con el Imperio oriental, lo que debió de leerse como un éxito en toda la cristiandad.

De hecho, de la relación con el emperador Alejo surgió la Gran Cruzada, o la Primera Cruzada, que es la obra fundamental por la cual este papa es recordado. El emperador bizantino solicitó su ayuda para luchar contra los turcos selyúcidas en Anatolia, pero a raíz de esa petición, Urbano II empezó a concebir enseguida la idea de lograr recuperar para los cristianos el Santo Sepulcro y Tierra Santa, dándole una nueva dimensión a la posible contienda que se avecinaba.

A fin de otorgarle su apoyo y darle oficialidad, en el año 1095 Urbano II convocó en Clermont un concilio en el que, entre otras cosas, solicitó a los caballeros que se apuntaran para librar la batalla contra los infieles, prometiendo a cambio la remisión de los pecados de quienes tomaran parte. Un ermitaño francés, Pedro de Amiens, contribuyó a ese llamamiento, recogiendo el testigo de Urbano y dedicándose a predicar la idea de una guerra santa. Su actuación hizo que haya pasado a la posteridad como el Apóstol de la Primera Cruzada.

Muchos partieron hacia Oriente tras acudir a la llamada del papa Urbano II. Algunos de ellos eran caballeros y soldados, pero otros eran gente sencilla, campesinos y simples clérigos sin preparación militar alguna. Al mando de las huestes, entre otros, estaba Godofredo de Bouillon, quien fue el primero en entrar victoriosamente en Jerusalén tal y como deseaba Urbano II, justo dos semanas antes de que este falleciese, el 29 de julio del año 1099. Godofredo, sin embargo, declinó el ofrecimiento de ser rey de Jerusalén, pero se autoproclamó defensor del Santo Sepulcro. Su figura se ha ido idealizando con el paso del tiempo, siendo uno de los Nueve de la Fama o Nueve Valerosos, considerados los máximos representantes del ideal de caballería.

Lealtad a san Gregorio VII

Urbano II fue prior del monasterio de Cluny hasta que el papa Gregorio VII lo llamó a Roma. En el año 1080 lo nombró obispo de Ostia y llegó a ser delegado del Pontífice en Alemania. Urbano profesó hacia su antecesor la más profunda admiración y compartió con él una misma visión reformista de la Iglesia. No obstante, la posición de Urbano fue siempre menos radical y más abierta a la negociación, un aspecto que posiblemente resultó fundamental para que la reforma pudiera prosperar.

En todo caso, la lealtad y la fidelidad del Pontífice hacia san Gregorio fue algo que Urbano II se ocupó de dejar claro desde el primero de sus actos públicos como papa, al proclamar: «Todo lo que él rechazaba, yo lo rechazo, lo que él condenaba, yo lo condeno, lo que él amaba, yo lo abrazo, lo que él consideraba como católico, yo lo confirmo y apruebo».

21

La verdad sobre la papisa Juana

FECHA: AÑO 1100. El cronista dominico Jean de Mailly, que vivió en el siglo XIII, defendió la existencia de la papisa Juana, al igual que el inquisidor Esteban de Borbón.

LUGAR: ROMA. La leyenda surgió de un rumor: en Constantinopla fue patriarca una mujer, mencionada por el papa León IX en una carta a Miguel I Cerulario de 1053.

ANÉCDOTA: Ningún historiador, desde el siglo X hasta el XIII, hace mención alguna a la papisa Juana, lo cual constituye más que un indicio de que jamás existió.

Las primeras noticias que tenemos sobre la existencia de una mujer en el solio de Pedro provienen del cronista dominico Jean de Mailly, en el siglo XIII, que estableció la fecha del pontificado de la papisa Juana en 1100.

El inquisidor Esteban de Borbón, coetáneo de Jean de Mailly y dominico como él, alimentó la existencia de esta papisa, a quien Martín de Troppau, camarero pontificio, asegura que reinó antes incluso, en el año 855.

¿Realidad o leyenda? Sin ánimo alguno de «machismo», solo nos mueve la verdad histórica: estamos en condiciones de asegurar que todo fue una pura invención, una fábula, un mito o como quiera denominarse. Los defensores de la existencia de la papisa Juana dieron rienda suelta a la leyenda, según la cual esta mujer coronada como pontífice se vio obligada a retirarse durante una procesión al sentir los dolores de parto, declarándose a partir de entonces su condición femenina. Al parecer, la papisa Juana se había disfrazado de hombre para evitar que la violaran. Perplejidades de la Historia. Desde aquel preciso instante, el papa Juan se «convirtió» así en la papisa Juana.

La leyenda, como todas aquellas entretejidas a lo largo de los siglos, surgió de un rumor extendido de modo fulgurante e imparable entre el pueblo: en Constantinopla, había sido patriarca una mujer, mencionada por el papa León IX en una carta a Miguel I Cerulario, la cual aparecía datada en 1053.

Cerulario ocupó el patriarcado ortodoxo de Constantinopla durante quince años consecutivos, hasta 1058, coincidiendo con el pontificado de León IX. De hecho, ambos protagonizaron el Cisma de Oriente y Occidente en 1054, durante el cual los dos jerarcas eclesiásticos llegaron a excomulgarse mutuamente. Verlo para creerlo.

Otros autores, en cambio, sostienen la existencia de la papisa Juana como proveniente nada menos que de una sátira medieval que ridiculizaba la preponderancia ejercida por la emperatriz bizantina Teodora y sus dos hijos en pleno siglo X. Esposa del emperador Justiniano I, Teodora ejerció gran influencia en la política del imperio, defendiendo los derechos de la mujer hasta el punto de permitir, en aquella época tan temprana, la bigamia, el divorcio o el casamiento entre diferentes clases sociales, razas y religiones.

También existen estudiosos para quienes la figura de esta falsa papisa emana de un cuento popular relacionado con un monumento pagano antiguo, descubierto durante el pontificado de Sixto V (1585-1590) en una calle cercana al Coliseo.

Sea como fuere, la leyenda fue generalmente aceptada durante los siglos XIV y XV. En algunas ciudades, incluso a pies juntillas y sin discusión alguna. Pero desde el pontificado de Pío II (1458-1464) fue rechazada ya de modo universal por su falta absoluta de rigor histórico. Y no solo por los católicos más recalcitrantes, sino incluso por críticos protestantes e incrédulos de la talla de Blondel, Leibniz, Bayle, Casaubon, Jurieu, Basnage, Burnet, Mosheim, Gieseler y tantos otros.

Advirtamos también, para terminar de desmontar la falsa leyenda, que ningún historiador desde el siglo X hasta el XIII menciona en ningún caso a la papisa Juana, lo que no deja de ser revelador de su inexistencia en el solio de Pedro. Por si fuera poco, la cronología histórica tampoco encaja con la leyenda extendida que incluso hoy perdura por razones obvias, pues en las dos fechas asignadas al pontificado de Juana se calzaba ya las sandalias del pescador León IV, fallecido el 17 de julio del año 855, al que sucedió de modo inmediato Benedicto III (855-858).

Para abundancia de pruebas, se conservan varias medallas con los bustos de Benedicto III y del emperador Lotario, muerto el 28 de septiembre del año 855; además de un pergamino enviado por el Papa a la abadía de Corvey y datado el 7 de octubre del mismo año.

No hubo así intervalo de tiempo alguno entre ambos papas. Y si no lo hubo, como tampoco existió sede vacante, y para colmo la historia protestante admite a los dos papas mencionados, difícilmente pudo existir una papisa, ni tan siquiera en calidad de antipapa.

La otra fecha fijada por el cronista dominico Jean de Mailly para el pontificado de la papisa Juana, el año 1100, tampoco ofrece lugar a dudas, pues el papa Pascual II reinó desde 1099 hasta 1118. Podemos asegurar así, a ciencia cierta, que en la Iglesia católica jamás han existido papisas por más que algunos detractores intenten hacer comulgar con ruedas de molino a creyentes o ingenuos. La papisa Juana es solo un personaje de ensueño.

La leyenda continúa...

La falsa leyenda de la papisa Juana se ha extendido incluso hasta el siglo XXI en algunos círculos activos de la cultura popular, como el cine. En 1972, por ejemplo, llegó incluso hasta la gran pantalla bajo el título de *La papisa Juana*, precisamente, de la mano del conocido director británico Michael Anderson, realizador de versiones cinematográficas más modernas como *La fuga de Logan*, *La vuelta al mundo en 80 días* y *Pinocho y Geppetto*, o de series de televisión como *20.000 leguas de viaje submarino* y *Capitanes intrépidos*.

La actriz, escritora y cineasta noruega Liv Ullmann encarnó en la ficción a la papisa Juana, acompañada en el reparto por Franco Nero, Maximilian Schell u Olivia de Havilland, y con una banda sonora original de Maurice Jarre. La falsa leyenda regresó al cine en 2009 con la película *La Papisa*, dirigida por Sönke Wortmann. La leyenda sigue aún hoy viva.

22

Inocencio III implorando desde el Purgatorio

FECHA: AÑO 1216. Durante ese verano, Inocencio III, que contaba tan solo cuarenta y seis años, tuvo uno de sus frecuentes ataques de fiebre y falleció.

LUGAR: ABADÍA DE AYWIERS (BÉLGICA). En ese monasterio cisterciense se encontraba santa Lutgarda, una de las grandes místicas del siglo XIII, quien profesó por primera vez devoción al Sagrado Corazón de Jesús.

ANÉCDOTA: Lutgarda no mostró vocación religiosa hasta que una visión de Jesucristo lo cambió todo. Tuvo visiones toda su vida. Una de ellas, del recién fallecido Inocencio III.

Nadie podría imaginar que una figura tan bien considerada como Inocencio III (*c.* 1160-1216) tuviera que implorar desesperadamente ayuda desde el temido Purgatorio. Hasta la propia santa Lutgarda, en mitad de una visión del

Pontífice, parecía estar sorprendida, a pesar de todas las experiencias místicas y apariciones que había tenido desde que no era más que una niña. Pero es que no fue solo la forma en que todo transcurrió, sino que la misma noticia del fallecimiento del papa Inocencio aún no podía conocerse en Bélgica ya que, según el biógrafo de la santa, el dominico Tomás de Cantimpré, todo esto debió de ocurrir la misma noche en que Inocencio exhaló su último aliento, esto es, el 16 de julio de 1216.

Como decimos, el papa Inocencio III era considerado toda una eminencia en su tiempo. Si bien es cierto que fue elegido para el cargo relativamente joven (cuando contaba apenas treinta y ocho años), nadie dudó nunca de sus capacidades y su preparación para ocupar el solio de Pedro. Había estudiado Teología en París y Jurisprudencia en Bolonia, donde se decía que se había convertido en un verdadero maestro de leyes. Pero es que era además un gran orador, cantaba bien y de él alababan sus coetáneos sus sencillas costumbres y una gran modestia y frugalidad. Por otro lado, en tiempos de Celestino III, tuvo un período en el que se dedicó a escribir dejando obras muy interesantes, como *Nada torna tan miserable al hombre como el pecado* o *De missarum mysteriis,* un escrito en el que explica el significado de la misa en términos alegóricos.

Pero aún hay más. Su papado, que duró dieciocho largos años, estuvo marcado por importantes actuaciones políticas. Destacaron, por ejemplo, sus intervenciones en los conflictos existentes entre Felipe Augusto, de Francia, y Ricardo Corazón de León, en Inglaterra. También, en el seno de la propia Italia, logró restablecer el poder temporal del papado sobre Roma y los Estados Pontificios. Tomó parte también en las vicisitudes del Sacro Imperio Romano Germánico, donde tuvo que intervenir en el enfrentamiento entre las dinastías de los güelfos y los gibelinos, en el asunto de quién debía ser sucesor a la muerte de Enrique V.

Pero quizá lo más llamativo de su pontificado, y donde merezca la pena detenerse más, es en el IV Concilio de Letrán. Fue el concilio más importante de la Edad Media, y en él se definió por primera vez el dogma teológico de la transubstanciación, se estableció la obligación de confesarse y comulgar al menos una vez al año y se preparó una nueva cruzada a Tierra Santa.

Como vemos, fue un papa brillante y destacado. Entonces ¿cómo es posible que alguien tan relevante y carismático se apareciese a una humilde monjita cisterciense implorando ayuda? La historia la cuenta también con gran detalle el escritor Thomas Merton en una biografía de santa Lutgarda que data de 1948. En esta obra se explica cómo el papa Inocencio se apareció a la mística envuelto en llamas y le dijo quién era, pues no podía ella reconocerlo ya que no se habían visto jamás. Santa Lutgarda, visiblemente alterada, le preguntó cómo era posible que alguien como él (tan ilustre, se entiende) estuviera padeciendo tanto dolor. La figura que tenía ante sí le explicó que estaba en el Purgatorio por tres faltas que había cometido durante su vida, faltas que bien podían haberle conducido al Infierno, señaló. Gracias a una intercesión de la Virgen María había conseguido evitar tan funesto final; sin embargo, estaba condenado a purificar su alma por los siglos de los siglos, y esa era la razón por la que necesitaba su ayuda en forma de penitencia y oraciones con el fin de reducir ese tiempo.

Muchos se han preguntado por la naturaleza de las faltas que cometió el papa Inocencio III. No podemos dar respuesta a tal cuestión, pues aunque santa Lutgarda se las confesó a su biógrafo, él jamás las dejó por escrito por respeto a la memoria del Pontífice.

Por si alguien dudase del testimonio de esta mística, existe otra figura a quien se apareció Inocencio para pedir ayuda. Se trata del beato Simón de Aulne, también con grandes dones carismáticos. Contemporáneo de Inocencio, este lo llamó a Roma en tiempos del Concilio de Letrán para consultarle cuestiones eclesiásticas y también espirituales.

Hay que decir que al igual que no trascendieron los pecados de este papa, tampoco se conoce la naturaleza de la penitencia que ambos místicos asumieron para aliviar el sufrimiento de Inocencio en el Purgatorio.

Súplicas desde el Purgatorio

Hay muchos casos documentados de almas que pidieron ayuda a los vivos desde el Purgatorio. De hecho, una de las fuentes principales son las propias biografías y diarios de los santos que protagonizaron tales apariciones y tuvieron que hacer penitencia para aliviar el padecimiento de las ánimas que les imploraban. Cabe enunciar como ejemplos a santa María Simma (1915-2004), santa María Magdalena de Pazzi (1566-1607), santa Faustina Kowalska (1905-1938), santa

Liduvina de Schiedam (1380-1433) y santa Brígida de Suecia (1303-1373). A través de estas santas, de lugares y épocas muy distintos, se conoce que habría varios niveles de sufrimiento en el Purgatorio, de forma que cuanto más se ha pecado, más abajo (más cerca del Infierno) se está. Además, las almas no podrían hacer nada para conseguir pasar de estado. Por eso suplican a los vivos que con sacrificios y oraciones aceleren su proceso de purificación y así termine antes su padecimiento.

23

Juan XX, el papa que nunca existió

FECHA: AÑO 1276. El 8 de septiembre, Juan XXI fue elegido papa. Su elección estuvo nuevamente rodeada de violencia porque los cardenales se negaban a aplicar el decreto del cónclave.

LUGAR: VITERBO. Esta ciudad italiana fue residencia papal desde el pontificado de Alejandro IV entre 1254 y 1261, hasta Martín IV, que vivió entre Orvieto y Perugia desde 1281.

ANÉCDOTA: Un error en los listados de nombres de papas y antipapas de la época fue el causante de que este papa adoptara el nombre de Juan XXI.

No, Juan XX no existió. Y, efectivamente, aunque pueda parecer increíble, el hecho se debió a un simple error administrativo que nunca fue corregido. El caldo de cultivo en el que se produjo la elección del pontífice, tras la muerte de Adriano V, tampoco favoreció el rigor en todo el proceso, pues podemos decir que imperaba una total inestabilidad. Piense el lector que solo en los ocho meses que habían transcurrido del año 1276, habían sido nombrados nada menos que ¡tres papas!, y ahora había que volver a reunir a todos los cardenales para elegir uno nuevo. No iba a ser nada fácil.

Y es que todavía estaba muy reciente el cónclave de 1271 en el que Gregorio X había resultado elegido tras tres años de interregno. Se trató sin duda de la elección más larga de la historia de la Iglesia. Y como consecuencia, este papa, que había sufrido en sus carnes la demora de su propio nombramiento, se ocupó de extremar la dureza de las condiciones de los cardenales durante el cónclave para forzar así que todo el proceso fuera más ágil. Quería evitar a toda costa que la Iglesia pudiera volver a quedar sin un papa por tanto tiempo. Las medidas consistían fundamentalmente en encerrar a los cardenales, suprimir todo contacto con el exterior, evitar cualquier tipo de asistencia incluso de tipo médico, e ir racionando la comida a medida que el cónclave se alargaba sin haber sido designado un sucesor.

La ceremonia era en efecto tan dura para los cardenales que Adriano V, a pesar de que solo fue papa durante algo más de un mes, accedió a la anulación del decreto y prometió la redacción de uno nuevo en el que se suavizarían las medidas. Sin embargo, no le fue posible cumplir esa promesa porque la muerte lo sorprendió antes de poder acometer tal proyecto. Fue en esa situación de transición cuando las autoridades de Viterbo intentaron aplicar el decreto del cónclave de Gregorio y los cardenales se negaron, alegando que este ya no existía tras la abolición de Adriano.

A pesar de todas estas dificultades, al final resultó elegido un portugués, Pedro Julián (¿1210?-1277), conocido como Pedro Hispano, quien era considerado un gran erudito y que además había sido médico personal de Gregorio X. Había estudiado en la escuela catedralicia de Lisboa y también en París, donde recibió clases de Dialéctica, Lógica, Física aristotélica y Metafísica y donde tuvo como maestro a san Alberto Magno. Se sabe que estudió además Medicina y Teología y que fue profesor de Medicina en la Universidad de Siena.

En relación con su carrera dentro de la Iglesia, fue nombrado arzobispo de Braga en 1272, aunque no llegó a ocupar el cargo, y posteriormente cardenal de Tusculum en 1273, y se sabe que fue una de las figuras más destacadas en el Concilio de Lyon.

Parece mentira, por tanto, que el más letrado de todos los papas hasta ese momento, y una figura tan brillante, pudiera cometer un error tan burdo en la elección de su nombre. La explicación no es sencilla y debemos buscarla en los archivos de esa época.

Por un lado, la Historia quiso que hubiera un antipapa con el nombre de Juan XVI en los años 997-998, que por error figuraba en la lista de los papas. Por otro lado, había en el *Liber Pontificalis* una referencia a un Juan XIV bis por una reseña que no está clara y que correspondería a un mismo pontífice en dos períodos distintos o papados. Sea como fuere, el error nunca fue enmendado y, por este motivo, nunca existió un Juan XX.

Sin embargo, no fue este el único error numeral que encontramos en la historia de los papas de la Iglesia católica. Solo tenemos que avanzar unos pocos años más. De hecho, si Juan XXI fue el papa número 187, el papa número 189 solo cinco años después, en 1281, cometió el mismo desliz, aunque por motivos un poco distintos y más fáciles de entender. Este papa, que era de origen francés, quiso como nombre para su pontificado el del patrón de Francia, san Martín de Tours. Al consultar la lista de los papas, no se dieron cuenta de que se habían escrito por error a los papas Marino I y Marino II con los nombres de Martín II y Martín III, respectivamente, de forma que cuando luego se subsanó esta incidencia, quedó el vacío de los dos Martín que no ocuparon la silla de Pedro porque sencillamente nunca existieron.

Un error como principio y un fatal accidente como final

El papa Juan XXI quiso mantener su residencia en la ciudad de Viterbo y no en Roma, pues encontraba allí más tranquilidad para continuar sus estudios. Construyó un departamento provisional en el palacio papal de la ciudad y se decía que allí, con gran sencillez, recibía a todo el mundo, aunque parecía preferir la compañía de sabios y doctores a la de los miembros de la curia. El 14 de mayo de 1277 se encontraba trabajando cuando el techo de la estancia cedió y le encontraron entre las ruinas gravemente herido. Murió tan solo seis días más tarde.

Al igual que ocurrió con otros eruditos como Silvestre II, algunos acusaron a Juan XXI de haber utilizado artes mágicas y de ser un hereje. Por el contrario, Dante Alighieri en su obra *Divina Comedia* le sitúa en el Paraíso (XII, 134-135) junto con otros médicos, nobles, políticos, eruditos y religiosos.

24

El ermitaño convertido en papa

FECHA: AÑO 1294. Habían pasado más de dos años desde la muerte de Nicolás IV y la existencia de diferentes intereses políticos impedía la elección de un nuevo vicario de Cristo.

LUGAR: PERUGIA. Tras dos interrupciones previas, los doce cardenales se reunieron de nuevo en octubre de 1293. Era crucial llegar a un acuerdo por el bien de la Iglesia.

ANÉCDOTA: La ausencia de papa provocaba graves desórdenes. En paralelo, un ermitaño profetizó un castigo de Dios si seguían demorando el nombramiento. Se trataba del futuro Celestino V.

Estamos ante un interesantísimo papa sobre el que mucho se ha dicho y escrito, especialmente a partir de 2013, cuando Benedicto XVI anunció su decisión de abdicar y los ojos se volvieron con gravedad hacia este significativo precedente, Celestino V (nacido entre 1209 y 1215-fallecido en

1296), cuya renuncia no era la única, pero sí quizá la más conocida.

Celestino V comunicó su deseo de retirarse tan solo cuatro meses después de su elección, en un tiempo en que nadie sabía si era legítimo hacerlo. De hecho, tuvo que consultar a Benedetto Gaetani, notable canonista de la época y futuro Bonifacio VIII, la forma de articular el procedimiento. Así, fue Gaetani quien preparó el acta de abdicación y esta se leyó el 13 de diciembre de 1294.

Cuando se repasa la historia de este pontífice, todo en ella llama la atención. Pietro di Murrone, como así se llamaba, tenía ochenta y cinco años cuando fue elegido para ocupar el solio de Pedro. Había sido educado por los benedictinos, y en un determinado momento de su vida (en torno a 1239), llevado por su necesidad de máximo recogimiento espiritual, optó por una vida de eremita y se retiró a la cueva del monte Murrone, donde permaneció durante cinco años. Luego se trasladó a la región de Abruzos, en el centro de Italia, y allí se retiró a otra cueva similar en la montaña de Maiella.

En esos tiempos se decía del ermitaño que ayunaba con mucha frecuencia, que guardaba períodos penitenciales de cuarenta días, tres de los cuales los pasaba a pan y agua, así como que rezaba incontables horas durante el día y durante la noche. Tan ejemplar era su modo de vida que muchos frailes quisieron imitarlo y acabó fundando la Orden de los Celestinos en 1244, que fue aprobada por Urbano IV en 1264.

En Perugia, su nombre sonaba con fuerza entre los cardenales. Fue después de que el decano del Sacro Colegio, Latino Malabranca, expusiera que el eremita había profetizado que habría un castigo divino si no se elegía pronto a un papa, y añadió que el eremita bien podía ser un buen candidato. Era lo más parecido a un santo, algo que sonaba muy conveniente para la Iglesia y, además, contentaba a las distintas facciones, a Carlos II de Anjou (que entendía que podría manipularle a su antojo), a los franciscanos (que lo veían como uno de ellos) y al resto de las familias nobles (que lo aceptarían sin más).

Para más inri, en su verdadero apellido, que era Angelario, muchos quisieron ver una señal relacionada con las profecías de Joaquín de Fiore que hablaban de un papa «angélico» que abriría una nueva etapa para la Iglesia mucho más espiritual. Era como si estuviese escrito.

Pero no iba a ser tan fácil. En un principio, Celestino mostró su oposición total y se negó a aceptar, hasta que finalmente interpretó que tal vez era la voluntad de Dios y que debía resignarse a cumplirla.

Poco sabía este buen hombre de asuntos de Estado y de la curia romana. Enseguida se perdió en medio de las intrigas políticas y las presiones internas. Guiado por Carlos II de Anjou, empezó a tomar decisiones que causaron gran revuelo y desconcierto. Una de las más anecdóticas fue el nombramiento del hijo de Carlos II, que apenas contaba doce años, como arzobispo de Toulouse.

Celestino comprendió que no estaba preparado para ese tipo de vida y que corría el riesgo de ser un títere en manos de todos aquellos mandatarios ávidos de poder y carentes de escrúpulos. Sentía que el solio de Pedro le quedaba grande y echaba de menos su ascética vida anterior. Cuentan que incluso mientras rezaba podía escuchar con nitidez una voz que atribuía al Altísimo y que le decía que abdicara.

Así lo hizo. Pero después de su renuncia, no pudo sin embargo ver cumplido su sueño de volver a la montaña, pues el nuevo papa decidió ponerle vigilancia y le obligó a permanecer en Roma. Celestino intentó huir y por ello fue arrestado y encerrado en Castello di Fumone, donde falleció en mayo de 1296. Clemente V le canonizó en mayo de 1313.

Los restos de Celestino descansaron primero en la iglesia de San Antonio, pero luego se trasladaron a L'Aquila en 1317. En 1703, un terremoto sacudió la ciudad, pero el techo logró resistir. Sin embargo, en el terrible seísmo que azotó la localidad en 2009, la bóveda de la basílica cayó sobre la tumba del santo, aunque se logró recuperar sus reliquias.

Benedicto XVI «consulta» a san Celestino V su renuncia

Muchos vieron en las dos visitas que el papa Benedicto XVI realizó en 2009 y 2010 a la tumba de san Celestino una especie de premonición de su posterior renuncia al solio de Pedro, anunciada el 11 de febrero de 2013.

Incluso en la primera de esas visitas, que tuvo lugar en abril de 2009, tras el devastador terremoto, parece que Benedicto no solo rezó en la tumba, sino que llegó a apoyar su palio en ella, lo que hoy muchos interpretan como una clara señal de lo que le rondaba por la cabeza.

La idea parece refrendada por la publicación en 2010 de *Luz del mundo*, del periodista alemán Peter Seewald. En una entrevista, Benedicto le explica que en ciertas ocasiones un pontífice tiene el derecho y el deber de renunciar.

Por otro lado, no parece muy descabellado que una decisión así fuera tan largamente meditada.

25

Morir como un papa... o «como un perro»

FECHA: AÑO 1303. Bonifacio VIII, incapaz de detener a sus enemigos y acusado de simonía y herejía, esperaba sentado y revestido de pontifical a que invadieran el palacio de Anagni.

LUGAR: ANAGNI. En esta ciudad italiana situada a unos cincuenta kilómetros de Roma, había nacido Bonifacio VIII y en ella estableció su residencia de verano, el palacio de Anagni.

ANÉCDOTA: Cuando Guillaume de Nogaret, enviado de Felipe IV el Hermoso, encontró a Bonifacio, este exclamó: «Ya que he sido abandonado como Jesucristo, pienso morir como un papa».

No ha conseguido Bonifacio VIII (1240-1303) pasar a la Historia con buena fama. Antes al contrario, estamos ante uno de los papas peor considerados. La arrogancia, el nepotismo o la simonía son algunas de las faltas que se atribuyen a este controvertido pontífice que se granjeó no pocos enemigos, los cuales resultaron definitivos en su caída. Es difícil separar la paja del grano y conseguir situar a este personaje en su justo lugar, porque, por un lado, fue objeto de campañas que tenían el propósito de desacreditarle, y, por otro, tuvo sus aciertos y no sería justo obviarlos.

En todo caso, resulta innegable que su papado comenzó ya de un modo torcido. Fue elegido tan solo diez días después de la renuncia de Celestino V, en 1294. Muchos sostienen que Benedetto Gaetani, su nombre secular, fue quien presionó intensamente a Celestino V para lograr su abdicación, pero no es algo contrastado y, evidentemente, el propio Gaetani negó con vehemencia tales acusaciones (muchas vertidas por su peor enemigo, el rey Felipe IV de Francia, conocido como Felipe el Hermoso), diciendo que se había limitado a ayudarle con el proceso y a redactar el acta de la renuncia tal y como el eremita había querido.

Sea como fuere, lo que sí sabemos es que, tras su elección como papa, una de las primeras medidas que adoptó fue la de dejar sin efecto todas las decisiones de su antecesor, a quien después de una serie de avatares acabó encerrando en Castello di Fumone.

Como vemos, las cosas no terminaron muy bien entre ambos pontífices, de modo que no puede extrañarnos que Celestino V, en su cautiverio, pronunciara la profecía que recoge *Analecta Bollandiana* en «Vita et miracula Sancti Petri Caelestini Auctore coaevo» (1890): «Has entrado como un zorro, gobernarás como un león... y morirás como un perro». Hay que reconocer que Celestino acertó con el final de Bonifacio, a pesar de que este, en pleno atentado, ante la orden de Nogaret de ser depuesto, proclamó a los cuatro vientos que «moriría como un papa».

¿Cómo llegaron las cosas a ponerse tan feas para alguien tan astuto como Bonifacio VIII? Los historiadores nos hablan de un personaje ambicioso y soberbio que posiblemente cometió errores políticos de calado por la intransigencia con la que reaccionaba cuando no estaba de acuerdo con algo. Y no lo estaba ni con Felipe IV ni con los Colonna, una de las principales familias nobles italianas entre cuyos miembros encontramos destacados cargos de la Iglesia e incluso algún papa.

En primer lugar, las desavenencias con Felipe venían de esa lucha de poderes entre Iglesia y Estado. Para el rey, el poder eclesiástico e incluso pagar diezmos y tributos al clero era una limitación a su propio poder. Por su parte, Bonifacio VIII reaccionó a la postura díscola de Felipe promulgando la bula *Unam Sanctam* en la que afirmaba con rotundidad la supremacía de la Iglesia sobre todas las cosas y, por ende, la del Vicario de Cristo.

Así las cosas, el distanciamiento se fue haciendo cada vez más notorio, de forma que los Colonna, cuya enemistad con Bonifacio tampoco era baladí, aprovecharon la coyuntura para aliarse con el monarca francés.

Los Colonna se habían visto envueltos en unas transacciones por las que el Papa había comprado unas tierras para favorecer a sus sobrinos. Hay que decir que Bonifacio VIII ha pasado a la Historia por usar su cargo para enriquecer a su familia, los Gaetani, y proveerles de privilegios. Esto desencadenó una trifulca entre ambas familias y el Pontífice terminó por excomulgar a la familia y deponer a dos cardenales de esta.

Indignado tras la *Unam Sanctam*, el rey decidió convocar en París una asamblea de prelados y nobles en junio de 1303. Allí acusó a Bonifacio de herético, simoníaco, nigromante y de asesinar a Celestino V. Acto seguido, solicitó que fuera depuesto. Al no lograrlo, optó por capturarlo. El 7 de septiembre de 1303, los enviados tomaron Anagni y se dirigieron al palacio; allí, sentado en la sala del trono, ataviado con las llaves de san Pedro y la cruz en las manos, aguardaba el Pontífice. Cuenta la tradición que sus enemigos le abofetearon, pero no se sabe si fue un bofetón metafórico u ocurrió de verdad. En todo caso, parece que los habitantes de la ciudad que vio nacer a Bonifacio reaccionaron para salvar al Papa y lo escoltaron hasta Roma, donde, tal vez como consecuencia de la humillación, encontró la muerte un mes más tarde.

Sus aciertos: el Jubileo

En su afán por demostrar la supremacía e influencia de la Iglesia en todos los órdenes, el papa Bonifacio VIII convocó el primer Año Santo o Jubileo en el año 1300 mediante la bula *Antiquorum habet fidem*. Consistía en peregrinar hasta la ciudad de Roma, con el objetivo de lograr la indulgencia plenaria o perdón de los pecados (lo que asimilaba en importancia esta peregrinación con las realizadas a Tierra Santa) y visitar las tumbas de los apóstoles Pedro y Pablo.

Al igual que en el Jubileo de 2000, la afluencia de peregrinos que llegaron a Roma fue inmensa. El éxito de la medida llevó al Pontífice a convocar el Año Santo cada cien años. Posteriormente, se acortó a cincuenta años y en la actualidad se convoca cada veinticinco. Cuando el conflicto con Felipe rebrotó, Bonifacio, más consciente que nunca de su poder, no estaba demasiado inclinado a grandes complacencias.

26

El «Vaticano francés»

FECHA: AÑOS 1305-1378. Un hecho insólito en los anales de la historia de la Iglesia católica fue la existencia de siete papas franceses seguidos en un período global de setenta y tres años.

LUGAR: AVIÑÓN. Mientras Clemente V era un hombre débil de carácter e incapaz de imponerse a Felipe el Hermoso, su sucesor Juan XXII plantó cara a los herejes *fraticelli*.

ANÉCDOTA: Clemente VI eligió su nombre porque anhelaba que la clemencia fuese su principal virtud. Era culto y un extraordinario orador, pero se mostró demasiado obsequioso con sus amigos.

Jamás en la historia de la Iglesia ha habido siete papas franceses… ¡seguidos! Podría afirmarse de modo coloquial que, entre los años 1305 y 1378, existió así un «Vaticano francés».

La lista empezó con el papa Clemente V (que ocupó el cargo entre 1305 y 1314), llamado antes Bertrand de Got, arzobispo de Burdeos y coronado como Sumo Pontífice en Lyon. Instalado en Aviñón en 1309, Clemente V era un hombre débil de carácter e incapaz de imponerse a Felipe el Hermoso. Para evitar un proceso canónico contra Bonifacio VIII, cedió también a las exigencias del rey en el delicado asunto de los templarios, fulminados en el XV Concilio Ecuménico celebrado en Vienne entre 1311 y 1312.

Todo lo contrario que su sucesor en el solio de Pedro, Juan XXII (1316-1334), elegido en Lyon tras dos años de sede vacante. Conocido antes como Jacques Duèze, supo plantar cara a los *fraticelli*, miembros de sectas herejes que se rebelaron contra las disposiciones papales.

Respaldados por Luis de Baviera, candidato al imperio rechazado por el Papa, sus enemigos le opusieron al antipapa Pedro de Corvara, pese a lo cual Juan XXII no cejó en su defensa de la doctrina católica amenazada por los *fraticelli*, partidarios de dos Iglesias distintas: una espiritual y verdadera, y otra carnal que se correspondía, según ellos, con la católica, jerárquica y jurídica. Pero, como decimos, el Papa no dio su brazo a torcer y menos aún en los ataques furibundos contra los sacramentos.

El tercer papa francés fue un hombre de armas tomar: Jacques Fournier, Benedicto XII (1334-1342). Miembro de la Orden del Císter, emprendió una reforma profunda de la curia romana y de las órdenes religiosas sin que le temblase el pulso para combatir todo tipo de abusos, incluido el nepotismo generalizado.

No en vano, antes de ser papa había estado al cuidado de su tío, que era abad de Fontfroide, cerca de Narbona, a quien sucedió finalmente al frente del monasterio antes de ser proclamado sucesivamente obispo de Pamiers y Mirepoix, y cardenal de Santa Prisca. En esa etapa previa al papado se distinguió ya por su implacable persecución de los herejes, mostrándose como un consumado experto en el procedimiento inquisitorial. No existen papas perfectos, y Benedicto XII también se equivocó al construirse un palacio en Aviñón, como si el Pontífice tuviese que residir en él de por vida.

Con Clemente VI (1342-1352), la Iglesia se «afrancesó» si cabe aún más: tras comprar la ciudad y el territorio de Aviñón a Juan de Nápoles, en 1348, el nuevo pontífice designó a numerosos cardenales franceses. La elección del nombre se explica por su deseo de que la clemencia fuese, precisamente, su principal virtud. Hombre culto y quizá el mejor orador de su tiempo, a veces era excesivamente obsequioso con sus amigos, a quienes dispensaba fiestas rodeado de banqueros. Los cronistas más despiadados, como Matteo Villani o Mathias von Neuenburg, le tildaban incluso de mujeriego. Sea como fuere, este papa ejemplificó como pocos el adagio de «calumnia, que algo queda», pues las injurias se extendieron de tal modo que llegaron a aceptarse.

Y qué decir de su sucesor, Inocencio VI, que reinó durante casi una década entera (de diciembre de 1352 a septiembre de 1362). Llamado Étienne Aubert de Monts, era un hombre piadoso, austero y digno. Reconquistó los Estados Pontificios gracias al cardenal Gil Álvarez de Albornoz, en 1354, que destruyó finalmente la República fundada por Cola di Rienzi. Y protestó contra la Bula de Oro del emperador Carlos IV, porque prescindía de los derechos del Papa sobre el imperio.

Con Urbano V, declarado beato, el «Vaticano francés» alcanzó su momento álgido. Llamado Guillaume de Grimoard, fue abad del monasterio benedictino de San Víctor, cerca de Marsella, y reinó durante ocho años (1362-1370). Fue elegido pontífice cuando todavía no era obispo. A instancias de santa Brígida, Petrarca y del emperador Carlos IV, regresó a Roma en 1367, y como no podía permanecer allí, murió en Aviñón.

Cerramos esta crónica papal con el séptimo y último de los pontífices franceses que rigieron los designios de la Iglesia de modo consecutivo. Hablamos, naturalmente, de Gregorio XI (1370-1378), antes llamado Pierre Roger de Beaufort, sobrino de Clemente VI. Cediendo a instancias de santa Catalina de Siena, retornó a Roma en 1377. Era un hombre muy inteligente, culto y piadoso. La Iglesia francesa fue hegemónica durante su reinado: de los veintiún cardenales que nombró, ocho eran paisanos suyos y otros ocho franceses de distintas regiones.

Ensalada de pontífices

Hasta 1938 hubo tres papas africanos (san Víctor I, san Melquíades y san Gelasio I), cinco alemanes (Gregorio V, Clemente II, Dámaso II, san León IX y Víctor II)... ¡y quince franceses! Incluidos los siete últimos «papas de Aviñón» que acabamos de ver. Pese a una abrumadora mayoría de pontífices italianos por razones obvias, hubo nada menos que quince griegos, empezando por san Anacleto y siguiendo por san Evaristo, san Telesforo, san Higinio o san Eleuterio.

Durante el período de referencia, es decir, hasta 1938, podemos contar cuarenta y siete papas canonizados, cinco beatificados y treinta y tres mártires. Del total de pontífices hasta entonces, cuarenta eran religiosos: veintiséis benedictinos, cinco franciscanos, cuatro dominicos, dos canónigos regulares, otros dos eremitas y un clérigo regular teatino. El pontificado más largo de la Historia fue el de san Pedro, con treinta y cuatro años, seguido de Pío IX, con treinta y uno.

27

Clemente V, el papa que traicionó a los templarios

FECHA: AÑOS 1311-1314. Felipe IV, quien tenía deudas con los templarios, decidió convencer a Clemente V para convocar el Concilio de Vienne (Francia), que acabaría con la extinción de la orden.

LUGAR: VIENNE. Unos 170 obispos se reunieron en Vienne para formalizar las acusaciones contra la orden. Se redactó una lista inicial de 230 obispos, pero Felipe tachó unos 66.

ANÉCDOTA: En *Vox Clamantis*, decreto firmado por Clemente para extinguir la orden, se afirmaba que al estar difamada, ya nadie querría ingresar en ella. Era preferible su disolución.

Si hubo un claro beneficiado con la elección de Clemente V, este fue Felipe IV el Hermoso. Aunque de este papa se dice que fue una persona inteligente, su carácter indeciso y débil resultó ser perfecto para los intereses del monarca francés, que lo acabó manipulando a su antojo en diversas ocasiones.

Así, ya resultó bastante significativo que el Pontífice eligiera para su consagración la catedral de Lyon. Pero más aún que decidiera luego quedarse en Francia (fijando la sede papal en Aviñón) en lugar de volver a Roma, en lo que se conoce como el inicio del llamado «Cautiverio de Babilonia» que duró setenta años. Además, uno de sus primeros actos fue nombrar diez cardenales franceses, de los que cuatro eran muy próximos a Felipe.

Pero quizá una de las señales más importantes que nos dan idea de la influencia que Felipe IV deseaba tener sobre Clemente fue su insistencia a la hora de presionar al Pontífice para abrir un proceso contra Bonifacio VIII. Clemente consiguió retrasar el juicio para desesperación del monarca, hasta que al final este renunció a sus pretensiones y sus ojos se volvieron hacia los templarios.

Respecto a la Orden de los Pobres Compañeros de Cristo y del Templo de Salomón, más conocida como la Orden del Temple, fue fundada en torno a 1118 por unos caballeros franceses liderados por Hugo de Payns tras la Primera Cruzada, y aprobada por la Iglesia en 1129 en el Concilio de Troyes. Como sabemos, todo lo que concierne a esta orden militar cristiana del medievo está envuelto en misterios y leyendas, pero sí parece que prosperó considerablemente y adquirió una sólida estructura financiera que le permitió actuar casi como un banco.

Y ahí está la clave. A partir de 1302, tras perder contra los musulmanes los últimos territorios de Tierra Santa, los templarios comenzaron a regresar a Europa. Esta situación no le convenía a Felipe IV, quien les adeudaba importantes sumas de dinero en un momento en el que las arcas del Estado estaban mermadas por los continuos conflictos contra Inglaterra y Flandes. Tampoco quería el rey que unos caballeros pertenecientes a una institución con un marcado cariz cristiano vinieran a ensombrecer su poder absolutista. Estaba decidido a acabar con ellos.

De modo que, como ya hizo antes contra Bonifacio, el rey francés empezó a tejer todo un entramado de calumnias contra la orden ayudado por Guillaume de Nogaret. Entre las acusaciones vertidas estaban las relativas a los ritos de iniciación en la orden, que según los difamadores incluían renegar de Dios y escupir sobre la cruz. Además, se les acusó de adorar a un ídolo con forma de cabeza, Bafomet, de practicar la sodomía y de otros actos impuros.

El informe con todas las acusaciones recopiladas por Nogaret llegó a manos de la Inquisición y a partir de 1307 dio comienzo la detención masiva de los caballeros templarios. A estos se les torturó hasta que lograron arrancarles las confesiones deseadas, muchas de las cuales se usaron como base para poder convocar el Concilio de Vienne, aunque parece ser que durante todo este proceso de detención y tortura inquisitorial Clemente no era consciente de lo que les estaba sucediendo a los monjes guerreros.

Durante el concilio, el Papa proclamó la bula de la extinción de la orden en 1312 y el Temple quedó disuelto. Sin embargo, la historia no acabó aquí. Muchos de los bienes de los templarios fueron confiscados por Felipe IV, pero la publicación de la bula *Ad Providam Christi Vicarii*, establecía que otros quedarían en manos de los hospitalarios. Esto contrarió a Felipe IV, quien en una nueva y hábil maniobra se las apañó para establecer que previamente se procedería a la deducción de los gastos necesarios por custodia y administración; de esta forma legitimaba sus intenciones de hacer suyo cuanto pudiera.

Por su parte, los principales y más conocidos caballeros de la orden —Jacques de Molay, Gran Maestre de la Orden; Hugues de Pairaud; Geoffroy de Gonneville, y Geoffroy de Charney— fueron juzgados de forma especial en un estrado que se colocó para la ocasión junto a la recientemente malograda catedral de Notre-Dame de París.

Molay, tras negar los crímenes imputados y retractarse de sus confesiones alegando que las había realizado para lograr que cesara la tortura y para inspirar compasión a sus torturadores, selló su destino, pues fue esa valentía la que le costó la vida y por ella murió quemado vivo públicamente.

La maldición de Jacques de Molay

Cuenta una leyenda que, antes de morir, Molay lanzó una terrible maldición contra los culpables de la desaparición de los templarios, Felipe IV y Clemente V. Según este relato, en un año y un día, el rey y el Papa estarían muertos y quedarían frente al Tribunal de Dios. Parece que la profecía se cumplió, pues Felipe IV se cayó del caballo unos meses más tarde y, por su parte, Clemente V no tuvo mejor final ya que contrajo una enfermedad que acabó con su vida entre espantosos dolores el 20 de abril de 1314.

En 2008, una asociación llamada Orden Soberana del Temple de Cristo, que aseguraba ser heredera de los templarios, presentó una demanda en los Juzgados de Madrid contra Benedicto XVI exigiendo la rehabilitación de la orden y el reconocimiento de los bienes incautados. La jueza negó la admisión a trámite alegando que era «materia de historiadores».

28

Urbano VI, un papa «preñado de Infierno»

FECHA: AÑO 1378. A los nueve días de la muerte de Gregorio XI, tras uno de los cónclaves más cortos de la Historia, resultó elegido Bartolomeo Prignano, un papa napolitano.

LUGAR: ROMA. Grupos romanos entraron en el Vaticano gritando: «*Romano lo volemo!*» («¡Romano lo queremos!»). Querían evitar como fuese la elección de un papa que trasladara la sede nuevamente.

ANÉCDOTA: Aunque los cardenales expusieron que no podían ceder a imposiciones, eligieron un papa de Nápoles. Este sería el argumento que después usarían para intentar invalidar el nombramiento.

Cuando en abril de 1378 fue elegido papa el arzobispo de Bari, Bartolomeo Prignano, nadie podía sospechar que este tipo al que todos consideraban un hombre ya de edad madura, santo y culto, pudiera acabar sorprendiéndolos con sus ataques exacerbados a todos aquellos que habían favorecido su elección.

El cónclave se había desarrollado en un ambiente de cierta inestabilidad. Gregorio XI había muerto en Italia, por lo que la idea de que existiesen dos Iglesias, una en Aviñón y otra en Roma, flotaba en el aire. Los dieciséis cardenales que estaban en Roma, siguiendo el consejo del difunto papa, decidieron reunirse en cónclave sin esperar a los que faltaban, que eran los seis que residían en Aviñón. Se encerraron once cardenales franceses, cuatro italianos y un español (Pedro de Luna, futuro antipapa Benedicto XIII), el día 7 de abril.

Mientras, en Roma se producían altercados continuos con motivo de los funerales de Gregorio, ya que nadie quería un papa extranjero que pudiera intentar trasladar de nuevo la sede fuera de la Ciudad Eterna (recordemos que el regreso de Gregorio XI había puesto fin al Cautiverio de Babilonia, setenta años en los que la sede papal se trasladó a Francia y que había comenzado en 1305 con el pontificado de Clemente V). La protesta se fue agudizando y el pueblo llegó hasta el Vaticano.

Sin embargo, entre los cardenales solo había dos posibles candidaturas: el anciano Francesco Tebaldeschi y Jacopo Orsini, ninguna de las cuales satisfacía a los cardenales. De modo que Orsini propuso que eligieran a alguien que no perteneciera al colegio cardenalicio. Tanto a Pedro de Luna como a Juan de Cros se les ocurrió un nombre, Bartolomeo Prignano.

Con algunas incidencias y complicaciones entre medias que retrasaron el anuncio público, al fin se produjo la consagración del de Bari, quien adoptó el nombre de Urbano VI.

Pero no tardarían en arrepentirse los cardenales que lo habían elegido para ocupar el solio de Pedro, porque Urbano pronto empezó a mostrar un comportamiento vehemente y colérico y a provocar odios generalizados con sus actuaciones. Comenzó a proclamar que Dios lo había puesto a la cabeza de la Iglesia para reformarla y a menudo insultaba a cardenales y obispos. El tema alcanzó su máxima expresión cuando se enfrentó a Jean de La Grange y le acusó de llevar una vida demasiado lujosa y frívola.

Hartos de ser humillados, los miembros de la curia empezaron a reunirse para tramar la forma de invalidar al Pontífice. Eligieron nuevamente Anagni, el mismo lugar en el que se produjo el atentado en tiempos de Bonifacio VIII por parte de Felipe IV, para estudiar la fórmula canónica apropiada para deponer al papa Urbano, mientras este desde Tívoli, consciente de lo que tramaban, trataba de dar un giro radical a su postura y mostrarse conciliador y benévolo. Demasiado tarde. Las cosas se precipitaron.

El 9 de agosto de 1378, transcurridos cuatro meses desde la elección de Urbano, los cardenales proclamaron un manifiesto en el cual consideraban inválido su nombramiento. En septiembre, protegidos por la reina Juana de Nápoles, a quien el papa Urbano nunca perdonó, eligieron a Roberto de Ginebra, quien adoptó el nombre de Clemente VII (1342-1394). Aunque al principio Roberto había defendido con rotundidad la legitimidad de Urbano VI, la actitud despótica de este le llevó a cambiar de opinión.

No podían imaginarse los cardenales la trascendencia de lo que estaba ocurriendo. Comenzaba el Cisma de Occidente, una división en toda regla entre los cristianos, en los que unos apoyaron a Urbano VI y otros a Clemente VII. Lo más curioso es que en un intento por resolver definitivamente la existencia de dos papas simultáneos, se llegó a la increíble situación de nombrar a un tercero en discordia en el Concilio de Pisa, aunque eso sería después, en torno a 1409.

Las profecías de san Malaquías, un santo del siglo XI, arzobispo de Armagh (Irlanda), que contienen un listado con los futuros papas que liderarían la Iglesia, definieron al papa Urbano VI como «el papa preñado de Infierno». Aunque se duda de la autenticidad de esta lista, es toda una tentación asociar el lema al carácter hosco e iracundo que mostró Urbano, incluso al hecho de haber sido quien de alguna forma causó el cisma de la Iglesia católica. Sin embargo, otras interpretaciones menos esotéricas sugieren que el literal *De inferno prægnante* se refiere a su lugar de origen, un barrio llamado Infierno de Nápoles, y a su estirpe (la familia Prignano).

La otra parte del cisma: Clemente VII

Este antipapa fue un hombre con una brillante carrera eclesiástica, pues fue nombrado obispo con solo diecinueve años y ocupó diversos cargos con posterioridad hasta llegar a ser elegido pontífice de forma no legítima en 1378. Se caracterizó por ser una persona hábil para buscar aliados y sacar partido de ciertas situaciones. Por ejemplo, se sirvió del Santo Sudario, cuya autenticidad estaba en entredicho, pero que era una reliquia muy especial y apropiada para avivar la fe de muchos católicos, para promulgar una bula en la que concedía indulgencias a quien peregrinara para venerarla. Esto le dio cierta popularidad.

A pesar de todo, cuando Urbano VI murió en 1389, Clemente trató de ser reconocido como único papa legítimo. Sin embargo, los cardenales partidarios de Urbano eligieron a Bonifacio IX como sucesor. La división continuó, sin que fuera posible la reconciliación.

29

El Papa Luna, el antipapa más terco

FECHA: AÑO 1413. Se convocó el Concilio de Constanza para poner fin a la situación de la Iglesia con tres papas que reclamaban para sí la legitimidad de su elección.

LUGAR: CONSTANZA. En esta ciudad italiana, fronteriza con Suiza, se celebró el Concilio Ecuménico que conllevó el fin del cisma con la elección de Martín V como único papa.

ANÉCDOTA: Benedicto XIII, antipapa, nunca renunció a sus derechos papales ni siquiera cuando perdió apoyo político francés. En Constanza se le depuso y se le condenó por hereje.

Don Pedro Martínez de Luna y Pérez de Gotor, más conocido por «Papa Luna» (1328-1423), nació en Illueca (Zaragoza), perteneciente al Reino de Aragón. Tuvo una buena formación en Montpellier donde estudió Derecho y donde más tarde fue profesor.

Su carrera dentro de la Iglesia comenzó cuando Gregorio XI lo nombró cardenal. Participó en la elección de Urbano VI como papa en el cónclave de 1378 a la muerte de Gregorio XI, pero también en su posterior deposición y en la elección de Clemente VII como alternativa a este que derivó en el Cisma de Occidente, del cual, como veremos a continuación, fue protagonista en primera persona.

Precisamente fue elegido papa, por la parte de Aviñón, como sucesor de Clemente VII, a la muerte de este, en el año 1394. Sin embargo, la decisión no concitó el beneplácito de los franceses, que veían en él un claro súbdito de la Corona de Aragón y dudaban de su fidelidad hacia la monarquía francesa. Por este motivo, ya en 1398, Francia le retiró su apoyo político y financiero y le conminó a renunciar al papado. El Papa Luna se negó, aduciendo que con eso causaría un grave perjuicio a la Iglesia.

Tras un bloqueo militar en su sede de Aviñón, Benedicto logró escapar y refugiarse como exiliado en Nápoles con ayuda de su rey, Luis II. Allí se mantuvo en su posición original: no tenía ninguna intención de renunciar a sus derechos papales.

Tras el Concilio de Pisa de 1409, la Iglesia se enfrentó a uno de los momentos más insólitos y descabellados de su historia: tres papas se erigieron como cabezas de la Iglesia simultáneamente. Se trataba de Benedicto XIII, Gregorio XII (sucesor de Urbano y papa legítimo) y Alejandro V (a quien sucedería Juan XXIII, antipapa a los diez meses de su elección). Lejos de resolver la situación anterior, la cosa se había agravado con la aparición de un nuevo pontífice.

Antes de este concilio hay que señalar que Gregorio XII quiso negociar con Benedicto XIII una renuncia de ambos en favor de un nuevo papa, pero estos intentos fracasaron estrepitosamente ya que el Papa Luna se negó en redondo. Incluso después de celebrada la reunión de Pisa, no quería oír hablar del tema y eso motivó que tampoco Gregorio XII diese su brazo a torcer y ambos se enrocaran en una postura que en nada buscaba favorecer los intereses de la Iglesia.

En el caso de Benedicto XIII, en un intento de mostrarse activo y reforzar con ello la idea de su legitimidad, el Papa Luna promovió a partir de 1413 la llamada «Disputa de Tortosa», un debate entre cristianos conversos y judíos para que los últimos reconocieran sus errores en la fe (que iban desde las enseñanzas del Talmud hasta el no reconocer a Cristo como Mesías), que duró más de sesenta sesiones y que culminó con la bula papal *Contra Judaeos*.

Más adelante, tratando de poner fin de una vez por todas a esta ridícula situación que desestabilizaba a la Iglesia de Occidente, en 1413 se decidió convocar el Concilio de Constanza, que se celebró en 1414 y 1415, y que tuvo como consecuencia no solo la deposición de Benedicto XIII (quien además fue condenado por hereje) y la de Juan XXIII, sino también la renuncia de Gregorio XII. Se nombró a Martín V, procedente de la influyente familia Colonna y que tenía poco más de cuarenta años en ese momento.

En Peñíscola (Castellón), el Papa Luna decidió recluirse en el castillo palacio de la ciudad, que había pertenecido a la Orden del Temple y que estaba construido en un peñón ubicado en la zona más elevada de la ciudad. Allí siguió proclamándose papa y usando el nombre de Benedicto XIII hasta su muerte en el año 1423.

Lo más interesante es que como consecuencia del numeral XIII que acompaña su nombre como pontífice, en España se acuñó una famosa expresión que ha pervivido hasta nuestros días, «mantenerse en sus trece». Como sabemos, se utiliza cuando queremos decir que alguien no se mueve ni un ápice de su postura original en una determinada negociación o circunstancia, a pesar incluso de que los acontecimientos demuestren lo contrario o no le favorezcan. Pues bien, queda claro que en el caso del Papa Luna, su terquedad estuvo por encima de cualquier otra cosa, pues siguió considerándose a sí mismo como una persona legítima para ocupar el solio de Pedro, incluso cuando la Iglesia y buena parte del mundo de su tiempo lo habían olvidado.

Quién es quién. Los antipapas del cisma

Como sabemos, el cisma de 1378 derivó en la escisión de la Iglesia con dos papas simultáneos: Urbano VI y Clemente VII. Es a veces fácil perderse entre los sucesores de uno y otro, máxime cuando a partir de 1409, tras el Concilio de Pisa, surgió una tercera rama.

Por un lado, la Iglesia considera legítimos a los sucesores de Urbano VI (papa entre 1378 y 1389), Bonifacio IX (papa entre 1389 y 1404), Inocencio VII (papa entre 1404 y 1406) y Gregorio XII (papa entre 1406 y 1415).

Por la línea de Aviñón encontramos a Clemente VII (antipapa entre 1378 y 1394) y Benedicto XIII (antipapa entre 1394 y 1415).

Por último, tras el Concilio de Pisa, fue elegido Alejandro V (antipapa entre 1409 y 1410) sucedido por Juan XXIII (antipapa entre 1410 y 1415).

Tras el Concilio de Constanza fue elegido por fin un único papa, Martín V.

30

Historia de dos amantes

FECHA: AÑO 1458. Tras morir Calixto III, todos esperaban la elección de Domenico Capranica como pontífice, pero murió antes en extrañas circunstancias. Empezaba así una lucha de poderes para elegir sucesor.

LUGAR: ROMA. El nuevo favorito del cónclave era el cardenal de Ruán, que intentaba desprestigiar a Pío II diciendo de él que era poeta, pobre y gotoso. De poco le sirvió.

ANÉCDOTA: Papa culto y humanista, propio del Renacimiento. Único pontífice que escribió sus memorias, «para que tú, lector, que algún día leerás estas páginas, conozcas la verdad».

Cuando Pío II fue elegido para ocupar el solio de Pedro tenía ya unos cuantos años y toda una vida a su espalda. Y no una vida cualquiera, sino una vida del Renacimiento. Se preguntará el lector por qué es necesario precisar tal cosa. Lo comprenderá mejor a medida que vayamos entrando en el personaje.

El Renacimiento fue una época en la que floreció la cultura, el amor por los clásicos, el afán de progreso. Tras el oscurantismo del medievo, esta etapa representaba una bocanada de aire fresco. Entre la nobleza proliferaban las fiestas, las reuniones, la vida social y esas costumbres trajeron consigo cierto libertinaje y relajación moral.

En este contexto, Eneas Silvio Piccolomini (1405-1464), hijo de nobles empobrecidos, empezó sus estudios de Derecho en la Universidad de Siena, pero enseguida se sintió fascinado por el humanismo y los clásicos y se marchó a Florencia a saciar su conocimiento en estas materias. Su carrera dentro de la Iglesia fue muy variopinta y comenzó como laico entrando como secretario de Domenico Capranica, cardenal de Fermo, quien le pidió que lo acompañase al Concilio de Basilea. También estuvo al servicio de Niccolò Albergati, cardenal de la Santa Cruz de Jerusalén, entre otros, con quien tuvo que viajar mucho en distintas misiones y cometidos. Uno de los más singulares fue cuando este le encargó actuar como agente secreto en Escocia. En esta época contrajo la gota, enfermedad que lo acompañó de por vida.

Como vemos, fue un hombre muy interesante que tuvo que actuar como diplomático, político y mediador en diferentes conflictos de la época. Sin embargo, también escondía otra faceta menos oficial, toda una historia de juventud más propia de un bohemio que del papa que llegaría a ser.

Al joven Eneas le gustaba mucho la poesía, la cultura y disfrutar de los placeres de la vida. Él mismo confesó, llegado el momento, que había sido frívolo y que se había arrastrado a una vida disoluta y de placeres mundanos. Lo cierto es que ese autorretrato del joven Eneas encaja bastante bien con los escritos de su juventud, donde, entre otras obras, encontramos *Historia de dos amantes* (1444), que muchos califican de novela erótica. Además de esas obras literarias, se sabe que antes de ser ordenado papa tuvo amantes, con alguna de las cuales concebiría descendencia. Arrepentido, se retractó cuando ya ocupaba el solio de Pedro, exclamando una frase que ilustra bien la intención de dar carpetazo a su pasado: «¡Rechazad a Eneas, acoged a Pío!».

Curioso es que en sus memorias Pío II nos habla de tres profecías que debían haberle hecho ser más consciente de que algún día sería elegido papa. La primera de ellas, cuenta, la realizó su propia madre. Al parecer, en cierta ocasión, ella soñó que su hijo Eneas desfilaba en una especie de procesión con una tiara de fuego en la cabeza. La mujer, preocupada por el tipo de vida que llevaba su hijo entonces, se puso en la peor de las hipótesis y quedó aterrorizada ante la idea de que pudiera ser condenado por hereje.

La segunda viene del emperador Federico III, a quien Pío II sirvió con el cargo de secretario de la Cancillería imperial. Tras acompañarle a negociar su matrimonio con la bella Leonor de Portugal, el emperador vaticinó: «*Caro* Eneas, me parece que serás cardenal, pero tu suerte no se detendrá ahí, sino que llegarás más alto todavía: te aguarda la cátedra de san Pedro. Eneas Silvio Piccolomini, cuando hayas alcanzado este honor, ¡acuérdate de mí!».

La última de las profecías que cuenta Pío, con su humor habitual, en su autobiografía *Así fui papa* se produjo, al parecer, en 1456, y tuvo como protagonista a Alfonso V, rey de Nápoles. En un momento en que el entonces arzobispo de Siena se acercaba a saludar al monarca, este comentó a los dignatarios que lo acompañaban que quien se aproximaba sería el futuro papa, pues no había un hombre con más derechos y méritos que él.

En el lado negativo hay que decir que Pío II, igual que otros papas renacentistas, pecó de nepotismo, pues, por un lado, favoreció cuanto pudo a su familia venida a menos, y, por otro, «adornó» con obras y monumentos Corsignano, su ciudad natal situada en Siena. No en vano, Corsignano hoy se llama Pienza («tierra de Pío») en honor a su papa y cuyo centro histórico fue declarado Patrimonio de la Humanidad por la Unesco en el año 1996.

Conspiración en las letrinas

El cardenal de Ruán no tenía buen perder. Aparte de las calumnias y simonías que vertió para desprestigiar a Piccolomini, Guillaume d'Estouteville, según cuenta Pío II en sus memorias, tramó una estratagema final para lograr la victoria. Así, en la última noche del cónclave, citó a los cardenales en las letrinas. Situadas en el piso inferior, eran la zona más apartada y secreta de todas, el lugar perfecto para conspirar. Allí, el cardenal les prometió sacerdocio, magistraturas, altos cargos e incluso rentas de sus fincas cuando los otros le pidieron qué sacarían a cambio de sus votos. Ocho cardenales juraron darle su apoyo, mientras que solo tres abandonaron las letrinas sin decidirse: Orsini, el de Santa Anastasia y Felipe de Bolonia. Este último despertó a Eneas en mitad de la noche para avisarle, quien inició entonces una «intensa labor de pasillos» con todos los cardenales y finalmente consiguió, como ya sabemos, cambiar el resultado del cónclave.

31

La excomunión del cometa Halley

FECHA: AÑO 1456. Cada setenta y seis años puede verse desde la Tierra a Halley, un cometa brillante y de gran tamaño. Una de esas veces fue en ese año.

LUGAR: ROMA. En el mes de junio, para garantizar el éxito en la lucha contra los otomanos, Calixto III proclamó una bula llamando a la oración a todos los cristianos.

ANÉCDOTA: Para desacreditar a Calixto, se difundieron rumores de una supuesta llamada a la oración del Papa en relación con el cometa, al que consideraba emisario del demonio.

Del cometa Halley se dice que es el único que un ser humano podría ver dos veces en su vida, si su longevidad así se lo permitiese. Y es que puede avistarse desde nuestro planeta cada setenta y seis años. Así, la última vez que se vio en la Tierra fue en los años ochenta y no se le espera de nuevo hasta el año 2061.

Sin embargo, quiso el destino que al cometa le tocara manifestarse en el año 1456, allá por el mes de junio. Ocupaba el solio de Pedro, desde agosto de 1455, un Borgia, Alfonso de Borja (1378-1458), quien fue el papa número 209 de la Iglesia católica y que se hizo llamar Calixo III.

En esos momentos, una de las principales preocupaciones del Pontífice era la lucha contra los turcos, que avanzaban amenazantes hacia el oeste de Europa tras haber tomado Constantinopla. En su afán de controlarlos, buscó voluntarios en Inglaterra, Francia, Alemania, Hungría, Portugal y Aragón para ir a la Cruzada, intentó recabar impuestos para afrontar los gastos de la contienda y, además, pidió a los fieles que orasen por los cruzados. Algunos autores cuentan que adoptó la costumbre de hacer tañer las campanas a mediodía invitando a la oración, costumbre que pervive hoy con el rezo del ángelus, pero no existe consenso sobre este punto porque otros lo atribuyen a Luis XI en 1472.

Hasta aquí todo entraría dentro de los límites de lo normal. Sin embargo, en torno a 1478, un humanista italiano del Renacimiento, Bartolomeo Platina, que fue nombrado por Sixto IV director de la Biblioteca Vaticana, escribió un libro en el que recopilaba las biografías de los papas habidos hasta esa fecha. En el apartado dedicado a Calixto en dicha obra, traducida al castellano como *Vidas de papas,* habló de que en la bula papal, Calixto III había hecho referencia a una «estrella feroz de larga cabellera», a la sazón el cometa que justo estaba haciendo de las suyas en el momento en el que Calixto daba forma al documento eclesiástico en cuestión.

A este punto habría que añadir otro ingrediente extra. Se trata de las declaraciones que hizo, ya mucho tiempo después, en el siglo XVIII, Pierre-Simon Laplace, un astrónomo, físico y matemático francés que quiso aderezar esta leyenda con algún elemento de cosecha propia. Según sus afirmaciones, en el momento de promulgar la bula, el Papa habría excomulgado al cometa expresamente. Sin embargo, nada de esto pudo ser constatado con cierto rigor probatorio, por lo que solamente podemos considerarlo parte de los aditamentos con los que a veces de forma caprichosa se adorna la Historia.

Otro tema de gran interés en torno al papado de Calixto III fue el relativo al juicio y la condena de Juana de Arco (*c.* 1412-1431). También conocida como «la Doncella de Orleans», esta campesina francesa tuvo experiencias místicas desde que era apenas una niña, pues ya con trece años declaró haber oído la voz de Dios. Más adelante afirmó escuchar las voces de santas como santa Catalina de Alejandría o santa Margarita. Estas voces y después la del arcángel Miguel (encargado de luchar contra Lucifer) fueron las que le encomendaron la misión de defender a Francia, que llevó a Juana a participar en la guerra de los Cien Años (que en realidad duró ciento dieciséis). Aparte de su crucial papel en la batalla, Juana cayó en desgracia en torno a 1431 y fue apresada y sometida a un juicio que se celebró en Ruán. Allí fue declarada apóstata y hereje, blasfema hacia Dios y hacia los santos. Aunque estando bajo presión y tortura llegó a retractarse y desmintió todo lo relativo a sus experiencias, después se reafirmó en todas ellas con gran dignidad, por lo que finalmente fue condenada por *relapsus* y quemada viva en la hoguera. Una de las cosas más sorprendentes de la muerte de Juana es que el cuerpo fue calcinado y sus cenizas esparcidas en el río Sena, en un minucioso y maquiavélico plan que pretendía evitar que se veneraran posteriormente.

Calixto III, al poco de ser consagrado, decidió reabrir el caso y en el mismo año de nombrar la investigación, Juana fue declarada inocente. En 1909, el papa san Pío X la beatificó, y en 1920, el papa Benedicto XV la declaró santa. Fue entonces cuando se convirtió en santa patrona de Francia.

Calixto III también beatificó a san Vicente Ferrer (1350-1419) y a santa Rosa de Viterbo (1232-1252).

El nepotismo del papa valenciano

A pesar de que a Calixto III se le describe como una persona austera y de fuertes convicciones religiosas, eso no le impidió caer en una de las faltas más generalizadas entre los pontífices de su tiempo, el nepotismo. En el caso de un papa extranjero, estos comportamientos se justificaban en la necesidad de rodearse de gente cercana y de confianza, pero aun así, muchos valencianos, catalanes y aragoneses se vieron favorecidos por él para ocupar cargos principales y secundarios dentro de la curia romana, según explica José Rius Serra en un libro sobre este tema, publicado en el año 1948.

Los más destacados fueron, sin duda, los dos cardenales. Por un lado, Rodrigo de Borja, futuro Alejandro VI, uno de los papas que más controversia generó y con peor reputación de la Historia. Por otro, Pedro Luis de Borja, el hermano de Rodrigo, designado capitán general de la Iglesia.

32

La caza de brujas

FECHA: AÑO 1484. A partir del pontificado de Inocencio VIII comenzaron a proliferar las llamadas «cazas de brujas» por parte de la Inquisición. Miles de personas murieron en la hoguera.

LUGAR: ROMA. En el Vaticano, el Papa proclamó su bula *Summis desiderantes affectibus*, con la que legitimó a los inquisidores en toda Europa a perseguir encarnizadamente la brujería.

ANÉCDOTA: Ya en el Antiguo Testamento (Dt 18, 10-12) se condena al que practique la adivinación, el espiritismo o los encantamientos. Y añade rotundamente: «A Dios le repugnan esas cosas».

En efecto, la brujería siempre ha sido un motivo de inquietud y recelo para la Iglesia. No en vano, la Real Academia Española define a los brujos como «aquellas personas a las que se atribuyen poderes mágicos obtenidos del diablo». Se trata por lo tanto de algo que proviene del Anticristo y por ello debe ser combatido. Por eso cuando Giovanni Battista Cibo fue elegido papa con el nombre de Inocencio VIII (1432-1492), no pudo ignorar este asunto. La gente negaba la existencia de brujas y eso era como negar la existencia del diablo.

Sin embargo, no actuaba solamente movido por razones religiosas, sino que también lo hacía por cuestiones de índole política (ligadas a las competencias de los cardenales de cada diócesis frente a los inquisidores, que solo respondían ante el Pontífice).

Sea como fuere, al poco de ser elegido papa en 1484, publicó Inocencio la bula la *Summis desiderantes affectibus* («Desear con fervor supremo») en la que, por un lado, reconocía la existencia de la brujería y, por otro, autorizaba a la Inquisición a combatirla mediante técnicas como el encarcelamiento, el castigo físico y la purificación de los brujos. Era novedosa esta declaración en la medida en la que derogaba el *Canon Episcopi*, un documento del medievo en el que se afirmaba que creer en brujas era un acto impío y constituía una herejía. Justo todo lo contrario.

Inocencio VIII abrió así la veda y permitió que comenzara la que se consideró como la primera gran caza de brujas en Europa. Además, instó a las autoridades locales a colaborar en todos los procesos de esta naturaleza y amenazó con excomulgar a quienes impidieran o dificultaran esta labor.

En 1486, dos monjes dominicos, Heinrich Kraemer y Jakob Sprenger, que habían presionado al Papa para la publicación de la bula, escribieron y publicaron el *Malleus maleficarum*, que significa el «Martillo de las Brujas». El libro se presentó en la Universidad de Colonia y en él se incorporó a modo de introducción una parte del documento de Inocencio tratando de que pareciera que la Iglesia lo refrendaba, a pesar de que nunca hizo de forma expresa tal cosa.

Lo cierto es que el libro se difundió como la pólvora ayudado, entre otras cosas, por la invención de la imprenta moderna. A partir de la doctrina expuesta en él por los inquisidores, miles de personas —en su mayoría mujeres— fueron quemadas.

Mientras, en el Vaticano, a pesar del mal estado de las arcas pontificias, se vivía con toda la pompa y grandes lujos. Tanto se deterioraron las finanzas de la Iglesia que el Pontífice llegó hasta el punto de tener que empeñar la tiara y otros tesoros papales.

Pero quizá una de las leyendas más interesantes (y posiblemente también muy exagerada) que se cuentan de este papa es la que circula en torno al momento de su fallecimiento. La escribió un cronista italiano llamado Stefano Infessura en su famosa obra *Diarium urbis Romae*, sobre los pontificados de Paulo II, Sixto IV e Inocencio VIII. En relación con el último de los tres, Infessura explica en detalle la agonía que padeció antes de su muerte. Inocencio no era un hombre que gozara de buena salud. Al contrario, siempre estuvo aquejado de fuertes dolencias y achaques que le mantenían en jaque, pues en algunas de esas ocasiones su vida llegaba a correr serio peligro. En una de ellas decidió probar distintos remedios experimentales, guiado por los consejos de un extraño médico judío. Entre otros, hubo un tratamiento de lo más impactante que consistía en coger a tres niños de diez años y sacarles sangre con el propósito de transferirla al monarca por vía oral. ¡Beberse la sangre de unos niños! El hecho parece más propio de una de esas brujas a las que tanto persiguieron los santos inquisidores que de un papa de Roma. Sin embargo, además del cariz esotérico de este relato, hay que decir que no terminó de la mejor forma, puesto que se saldó con la muerte del Papa y con la de los pequeños.

Ese fue el primer intento de transfusión de sangre que se conoce. Hay otro caso documentado (año 1667) en el que a un enfermo de sífilis se le intentó transferir sangre de un cordero, obviamente sin éxito. Habría que esperar mucho tiempo, hasta comienzos del siglo XX, para que se produjera la primera transfusión exitosa y sin choques hemorrágicos, una vez conocida por fin la existencia de distintos tipos de sangre. En torno a 1940 se descubrió el Rh.

Torquemada y la Inquisición española

La Inquisición española o Tribunal del Santo Oficio de la Inquisición surgió en 1478 y su primer inquisidor fue Tomás de Torquemada.

La historia de la institución estuvo muy vinculada a los Reyes Católicos, que hicieron de ella su instrumento para preservar la moral y la ortodoxia cristianas de su época. Realmente su cometido principal estuvo más enfocado a la persecución de los judíos que a la de hechiceros y brujos.

Sin embargo, en 1610 encontramos un caso muy famoso, el de las brujas de Zugarramurdi, que fue llevado al cine por Álex de la Iglesia en 2013, lo que le dio cierta popularidad. Consistió en la acusación de un grupo de mujeres de esta región navarra de practicar aquelarres y brujería en una gran cueva o túnel subterráneo que estaba junto al río y donde se decía que el diablo había sido visto varias veces. Seis mujeres fueron quemadas vivas.

33

Veneno puro

FECHA: 18 DE AGOSTO DE 1503. Rodrigo de Borja, elegido papa con el nombre de Alejandro VI, falleció posiblemente envenenado tras celebrar su cumpleaños con un gran banquete en compañía de su hijo César.

LUGAR: ROMA. Ambos sufrieron náuseas, vómitos, diarrea y fiebre; pero César, por ser más joven y fuerte, sobrevivió. ¿Estuvo confabulado el cardenal Adriano de Corneto con el cocinero papal?

ANÉCDOTA: Elegido papa en agosto del año 897, Romano pudo morir también emponzoñado tras solo tres meses de pontificado, según el doctor Roberto Pelta, gran experto en venenos.

Un tema siempre apasionante y morboso en la milenaria historia de la Iglesia es, sin lugar a dudas, el envenenamiento de los papas. Empezando por Teodoro I, que ocupó el solio de Pedro entre los años 642 y 649, y siguiendo por

Formoso, al cual ya hemos dedicado un capítulo entero con motivo del Concilio Cadavérico al que fue sometido de modo inmisericorde tras ser emponzoñado en el año 896. Una vez excomulgado siendo patriarca de los búlgaros por coronar rey de Italia a Arnolfo y proclamar la soberanía de Bizancio sobre Roma, el papa Formoso fue para colmo envenenado y rematado a golpetazo limpio porque tardaba demasiado en morir, a lo Quentin Tarantino.

Pero si existe una época en la que el veneno se asocia más estrechamente con los papas, como advierte certero el doctor Roberto Pelta, que de ponzoñas, tósigos, toxinas o como quieran llamarse sabe un rato, es sin ninguna duda el Renacimiento. Precisamente la época dorada y floreciente de la Historia donde situábamos en un capítulo anterior el rescate de la maltratada memoria del papa Silvestre II, a quien se hizo pasar por aliado del demonio nada menos, por parte del cardenal e historiador italiano César Baronio.

El pontífice florentino León X, cuyo nombre auténtico era Giovanni de Médici, falleció en 1521 con cuarenta y seis años de una apoplejía, pero se rumoreó con algún que otro fundamento que en realidad murió envenenado por orden del rey Francisco I de Francia. Motivos no les faltaron a algunos, a juzgar por el veredicto de Sigismondo Tizio sobre el difunto pontífice. «En la opinión general, fue injurioso para la Iglesia que su cabeza visible se deleitara en juegos, música, la caza y demás», escribió.

Y qué decir sobre Clemente XIV, víctima de una crisis maníaco-depresiva que le impulsó al suicidio en 1774, según la versión extraoficial, pero de quien llegó a sospecharse también que había perecido como consecuencia del empleo de beleño negro, una planta venenosa conocida asimismo como «hierba loca» por ser capaz de provocar en la víctima alucinaciones y pérdida de la cordura.

Tres siglos antes, el mismo año del descubrimiento de América, el español Rodrigo de Borja fue elegido papa con el nombre de Alejandro VI. Los rumores de envenenamiento durante su pontificado fueron abundantes, como señala también el doctor Pelta. Durante los ocho años que ocupó el solio de Pedro murieron veintisiete cardenales. En 1501, sin ir más lejos, perecieron el cardenal veneciano Zeno y el español Juan López, de quienes se comentó que habían sido emponzoñados. Los malpensados, o quién sabe si más ecuánimes, se convencieron de que Rodrigo de Borja acumulaba así más riquezas. El veneno parecía ser entonces sinónimo de progreso y de bonanza para este papa.

El 11 de agosto de 1503, Alejandro VI celebró su cumpleaños con un gran banquete. En una mesa, separados de los demás comensales, se atiborraron de manjares el Pontífice y su hijo César. Al día siguiente sufrieron ambos náuseas, vómitos, diarrea y fiebre. César, por ser más joven y fuerte, sobrevivió a los intensos achaques, aunque a punto estuvo de no poder contarlo. Pero su padre, cuya naturaleza había sido mermada por los años, falleció el 18 de agosto. Al parecer, como apunta Roberto Pelta, pudieron ser envenenados por el cardenal Adriano de Corneto, confabulado con el cocinero papal. Una trama que superaría así a la mejor ficción dramática que pudiera imaginarse.

Sea como fuere, el embajador de Venecia en Roma, Paolo Capello, anotó sobre Alejandro VI: «Cuando este gobernaba la Iglesia no pasaba noche sin que apareciesen en Roma cuatro o cinco personas asesinadas, entre ellas obispos y prelados». El veneno actuaba de modo silencioso y sin dejar la menor huella demasiadas veces, ya fuese por falta de autopsia o por sus asombrosas propiedades para evaporarse.

Lucrecia Borgia, hija del cardenal Rodrigo de Borja y de su amante Vannozza Cattanei, se casó tres veces por deseo de su padre. Tras una docena de embarazos sucesivos, murió extenuada con treinta y nueve años en el último parto de fiebre puerperal. El doctor Pelta se hace eco de las afirmaciones de que Lucrecia empleaba como veneno las raíces pulverizadas de mandrágora mezcladas con vino y *cantarella* o «agua de Perugia», que era un polvo blanco insípido de efectos letales. Todo ello «cocinado» con un ingrediente tan repulsivo como las vísceras de cerdo trituradas, las cuales, tras descomponerse, generaban sustancias muy tóxicas. Solo de pensarlo cualquiera se hubiese puesto enfermo, pero quienes lo probaron no vivieron, desde luego, para contarlo.

«Papas móviles»

El doctor Pelta refiere que a finales del siglo X y principios del XI, las familias más poderosas de Europa se acercaban a Roma para colmar sus desmedidas ambiciones en torno a la silla de Pedro. Parecía como si los papas se pusiesen y quitasen al antojo de los intereses creados de clanes familiares o del propio pueblo fiel, cuando su elección para el pontificado correspondía en exclusiva al Paráclito. Designado así Juan XIV en el año 983, resultó que al morir el emperador que le protegía de la animadversión del pueblo, fue envenenado por orden de Bonifacio VII, según Pelta.

La misma mala suerte corrió Clemente II, cuyo papado duró apenas diez meses. Cuando en 1942, ochocientos noventa y cinco años después de su muerte, se exhumó su cadáver, hallaron plomo en los huesos. Su sucesor, Dámaso II, vivió veintitrés días. Se sospechó que ambas muertes pudieron ser obra de Benedicto IX.

34

La Guardia Suiza

FECHA: AÑO 1503. Julio II, que aspiraba a ocupar el solio de Pedro desde la muerte de Inocencio VIII, tuvo que esperar hasta esta fecha para ver cumplidas sus aspiraciones.

LUGAR: ROMA. Bajo su papado, las artes cobran máxima importancia. Algunas de las obras maestras más conocidas del Vaticano, como los frescos de la Capilla Sixtina, son de entonces.

ANÉCDOTA: Julio II fue mecenas de los artistas más prometedores del *Cinquecento*. Lo fue, por ejemplo, de Bramante, de Rafael o del gran maestro florentino Miguel Ángel Buonarroti.

Tenía que ser este papa, al que frecuentemente se apoda como «el Guerrero» o «el Soldado», quien fundara el ejército que protege al Vaticano desde entonces hasta nuestros días. Tal vez ahora se le conoce por una función más representativa que militar, pero en todo caso sigue constituyendo una de esas fascinantes tradiciones en torno al Vaticano.

Pues bien, cuando nació la Guardia Suiza, Giuliano della Rovere (1443-1513) llevaba tres años ocupando el solio de Pedro con el nombre de Julio II. Tenía tras de sí una dilatada carrera dentro de la Iglesia que había empezado con el favor de su tío Sixto IV en 1474, y en la que hubo períodos en los que gozó de mucho prestigio y poder, como con el papa Inocencio VIII, junto con otros en los que su suerte fue la contraria, como bajo el papado de Alejandro VI. Con este último tuvo una fuerte rivalidad e incluso lo acusó de graves pecados, como la simonía o el nepotismo, y de llevar una vida más que licenciosa y completamente contraria a lo que debía suponérsele a un papa. Por todo ello, se vio obligado a abandonar Roma y buscar refugio en Francia.

Una vez fallecido Alejandro VI, resultó electo Pío III, quien apenas duró un mes a la cabeza de la Iglesia. De modo que en el siguiente cónclave, celebrado en el año 1503, por fin consiguió los apoyos necesarios para ser elegido.

Su objetivo como pontífice, según explica Ivan Cloulas en su biografía *Jules II* (París, 1990), fue lograr el restablecimiento del poder del Papa en los Estados Pontificios, usando para ello las armas y las alianzas que fueran necesarias. En este sentido ha trascendido su pericia como militar. Luchó con firmeza por la liberación de Italia del dominio extranjero; concretamente, puso especial interés en liberar al Vaticano del yugo francés. Por este motivo, algunos cardenales se pusieron en su contra y celebraron el Concilio de Pisa. Al final logró aplacar esas rebeliones internas e imponer su autoridad.

Como ya hemos señalado, Julio II era un estratega, por lo que supo buscar distintas alianzas en cada momento. Así, en 1506, recabó el apoyo suizo tras solicitar al capitán Kaspar von Silenen que le mandara soldados para garantizar su propia protección, y este respondió enviando a 189 mercenarios que entraron en el Vaticano el 22 de enero de ese mismo año. El Papa les dio su bendición y ellos le juraron lealtad, la misma que aún hoy proclaman los que se suman a las filas de la conocida institución.

Cuando uno ve los uniformes que lucen los soldados de la Guardia Suiza, se queda muy sorprendido porque no casan en absoluto con la vestimenta militar más actual. La explicación debemos buscarla en la personalidad y las inquietudes de este pontífice, pues es sabido que tenía una enorme sensibilidad por el arte y que fue un importante mecenas de grandes artistas del Renacimiento.

El atuendo oficial de los guardias, por lo tanto, lo diseñó uno de esos maestros, quizá el más importante y conocido: el pintor, escultor y arquitecto Miguel Ángel Buonarroti. Su diseño fue un encargo personal del Papa. Seguramente, en sus tiempos era una ropa elegante y sofisticada, por mucho que hoy se contemple con asombro las galas que lucen los soldados cuando hacen el cambio de guardia y uno se pregunte si no se sienten ridículos luciendo esas extravagancias rayadas en amarillo y azulón.

Bromas aparte, lo cierto es que Miguel Ángel dejó un enorme legado que hoy engrosa los tesoros del Vaticano; entre ellos, el más importante tal vez sea los frescos de la

Capilla Sixtina, donde se celebran los cónclaves, con el dedo acusador de Dios en la representación del Juicio Final. Otro de gran importancia es el *Moisés* que adorna el mausoleo donde el propio papa Julio II está enterrado. Este monumento fue encargado para la basílica de San Pedro, pero posteriormente se trasladó a San Pietro in Vincoli, donde descansan los restos del Pontífice.

Julio II murió en 1513, pero ni su amor por el arte ni sus actuaciones militares le llevaron a olvidar sus responsabilidades como papa. Combatió la simonía, condenó como herejía la idea de la reencarnación, realizó importantes reformas en la vida monástica y fundó la Escuela Julia de canto que aún perdura.

Por último, en el año 1512 convocó el V Concilio de Letrán, aunque murió antes de que este terminara en 1517.

Hazañas de la Guardia Suiza

Esta institución ha demostrado su bravura y lealtad hacia el Santo Pontífice a lo largo de diversos momentos de la Historia. Una de las hazañas más impresionantes ocurrió bajo el papado de Clemente VII (1478-1527). Cuando las tropas imperiales de Carlos V invadieron y saquearon la ciudad de Roma, el Pontífice se vio sorprendido por los soldados enemigos y tuvo que salir huyendo, a través del Passetto di Borgo, para intentar refugiarse en la fortaleza de Sant'Angelo, lugar que ya había cobijado a numerosos papas cuando las cosas se habían puesto feas. La vida del Santo Pontífice estaba en manos de la Guardia Suiza. La estrategia consistió en rodear a Clemente para, de esta forma, proteger con sus cuerpos al Vicario de Cristo. Más de ciento cuarenta de sus miembros perecieron protegiéndole, y apenas algo más de cuarenta pudieron sobrevivir y contar la hazaña.

erasmo [illegible]

35

El Índice de los libros prohibidos

FECHA: AÑO 1564. El papa Pío IV publicó el Índice de los libros prohibidos por petición del Concilio de Trento que concluyó en esta fecha, con la bula *Benedictus Deus*.

LUGAR: TRENTO. Este concilio introdujo importantes reformas doctrinales y dogmas tales como el libre albedrío. Además, se concluyó un nuevo catecismo y se reformaron el breviario y el misal.

ANÉCDOTA: Paulo IV decidió la primera creación del *Index Librorum Prohibitorum* en 1559 con los libros sospechosos que no debían leerse. Tuvo que culminar el trabajo Pío IV.

La invención de la imprenta en el siglo XV por Johannes Gutenberg trajo consigo indudables ventajas, como la difusión de la cultura y del saber de una forma más rápida y con un alcance mayor y, en consecuencia, una democratización del acceso al conocimiento. Pero precisamente esta mayor accesibilidad a los contenidos y al mundo de las ideas creó una preocupación en los dirigentes de la Iglesia, que vieron en ello un nuevo peligro sobre el que debían actuar: la difusión de valores reprobables y de dudosa moralidad.

Además de lo anterior, otro factor esencial motivó la obsesión de Roma por la censura. Se trató de la Reforma protestante de Martín Lutero, cuyos fundamentos y ataques a la Iglesia católica, gracias a los libros y a la imprenta, se difundían como la pólvora. Iniciada la Reforma en 1517, el fraile agustino Martín colgó en la iglesia de Wittenberg sus noventa y cinco tesis, las cuales en buena medida iban en contra de algunas disposiciones eclesiásticas como las indulgencias plenarias contra los pecados. Pronto la curia vio en las ideas de Lutero una seria amenaza y decidió tomar cartas en el asunto.

Así, ya León X (1475-1521) estableció la necesidad de que el obispo autorizara la impresión de libros para controlar que no se leyeran las obras luteranas en toda la cristiandad, lo que fue ratificado posteriormente por Clemente VII (1478-1534) durante su papado. Por su parte, el propio emperador Carlos V apoyaba también a la Iglesia contra la Reforma protestante y en 1523 promulgó la prohibición de leer los libros de Martín Lutero en todos sus dominios, incluyendo España y todo el Imperio germánico.

Sobre ese punto estaba decidido también a actuar Paulo IV (1476-1559) cuando se propuso crear una recopilación de aquellos libros que los cristianos no debían leer por su efecto pernicioso para la fe. Esta compilación de títulos censurados se publicó por primera vez en 1559, conociéndose como «Índice de libros prohibidos». Se dice que era demasiado amplio y farragoso, con más de setecientos volúmenes, razón por la cual, cuando murió el Papa, el Concilio de Trento solicitó a su sucesor, Pío IV (1499-1565), una revisión y una nueva publicación, con menos volúmenes esta vez, que se llevó a cabo en el año 1564 y que fue el primer Índice publicado oficialmente por la Iglesia. En esta recopilación, los cristianos debían atender a las normas previas que aparecían en la primera parte del documento y que versaban sobre la censura de los libros contenidos en él, puesto que en caso de desobediencia, por posesión o por lectura de alguno de esos libros, la pena no era baladí: el infractor sería excomulgado inmediatamente. Para un mejor control de todo el proceso, la publicación del catálogo se reforzaba con la promulgación de un Edicto Prohibitorio donde se aclaraban algunos matices que atañían a la prohibición y otros aspectos formales tales como si se debían retirar de la circulación, si la prohibición era íntegra o solo de algunas partes, si se prohibía la lectura o también la tenencia, etc. Los libros que solían incorporarse eran, como imaginará el lector, obras cuya temática suponía motivo de persecución por parte de la Inquisición: enseñanzas herejes, pornografía, ciencias ocultas, esoterismo, discrepancias con la moral católica, etc.

El *Index* se mantuvo durante muchos siglos, siendo la última edición la de 1948 en el papado de Pío XII. Tras celebrar el Concilio Vaticano II, en 1966 la Iglesia anunció que no haría más y dejó sin validez el existente. Asimismo, la Sagrada Congregación del Índice (que fue creada en 1571 para mantener dicho índice) se reconvirtió en la Sagrada Congregación para la Doctrina de la Fe, cuya misión dejó de ser la de recopilar y prohibir los libros y se dedicó a defender la observancia de la correcta doctrina católica.

Por las páginas del libro pasaron algunos de los autores más conocidos de todos los tiempos y de muy diversas ramas del saber. Entre los científicos proscritos estuvieron Johannes Kepler, Nicolás Copérnico, Blaise Pascal o Galileo Galilei. También se incluyeron grandes pensadores como René Descartes, Montesquieu, Spinoza, Montaigne, David Hume, Kant, Jean-Paul Sartre, André Gide o Anatole France, entre otros. No podían faltar literatos y poetas malditos, como Honoré de Balzac, Victor Hugo, Gustave Flaubert, Gibbon, el Marqués de Sade, Alejandro Dumas (hijo), por citar algunos nombres. Y autores ateos como Karl Marx, Friedrich Nietzsche o Arthur Schopenhauer estaban entre las páginas del Índice, como no podía ser de otra manera.

Torquemada y la censura en España

Como hemos visto, el emperador Carlos V y los Habsburgo apoyaron la censura y, en general, se mostraron fieles a la Iglesia católica frente a la Reforma protestante iniciada por Lutero. En realidad, en lo relativo a la censura, en España fuimos unos cuantos años por delante de Roma, pues el Índice de los libros prohibidos por la Inquisición española se publicó en el año 1551. Se confiscaban y eliminaban de la circulación los ejemplares del Talmud (libro de enseñanza religiosa para la religión judía), libros de astrología y ciencias ocultas, u otros amorales. En este sentido, la persecución de estos libros alcanzó su máximo exponente en torno a 1490, en época del inquisidor Tomás de Torquemada, quien ordenó la famosa hoguera de libros en la que se calcinaron muchos de los que habían sido depositados en la Universidad de Salamanca. Fueron así destruidas un montón de obras de gran valor.

36

Los diez días que la Historia nunca vivió

FECHA: AÑO 1582. Con la bula *Inter Gravissimas* se produjo el cambio al calendario gregoriano y la modificación de los años bisiestos, situando el día extra el 29 de febrero.

LUGAR: ROMA. El calendario gregoriano promovido por Gregorio XIII sustituyó al calendario juliano, que había imperado desde que lo instauró el emperador Julio César en el año 46 a.C.

ANÉCDOTA: Aunque importantes científicos como Kepler se lo recomendaron, los Estados protestantes solamente aceptaron el calendario gregoriano a partir del siglo XVII; la Iglesia ortodoxa lo hizo en el XX.

Como suele decirse, todo en esta historia «es cuestión de tiempo». O lo fue, más bien. Sitúese el lector en 1582, cuando ocupaba el solio de Pedro el papa Gregorio XIII (1502-1585). Su nombre verdadero era Ugo Boncompagni y fue el papa número 226 de la Iglesia católica. Antes de ser elegido, tuvo una interesante carrera eclesiástica. Así, fue nombrado cardenal con el título de san Sixto por Pío IV, quien poco tiempo después lo mandó como legado a España, donde se ganó el aprecio de Felipe II. Este afecto fue definitivo para que años más tarde, a la muerte de Pío V, le diera el monarca español su apoyo para ser elegido papa, lo que finalmente ocurrió. Tras un cónclave fugaz que duró menos de veinticuatro horas, su nombramiento se produjo en mayo de 1572 y eligió para su pontificado el nombre de Gregorio XIII en homenaje a Gregorio Magno.

Pues bien, por esa época la Iglesia se encontraba en la disyuntiva de tener que ajustar el calendario para que cuadrasen de nuevo las fechas en las que debía celebrarse la Pascua. La cuestión se arrastraba desde el Concilio de Nicea del año 325. Allí se estableció que la Pascua se conmemoraría el primer domingo después de la luna llena, tras el equinoccio de primavera correspondiente al hemisferio norte. En ese año, el equinoccio había ocurrido el 21 de marzo, pero con el tiempo se iba produciendo un desfase entre el calendario civil y el movimiento solar conocido como equinoccio, de tal suerte que este se adelantaba ya diez días sobre la fecha original, para situarse en época de Gregorio XIII en el 11 de marzo.

La diferencia tenía su explicación en cómo se había establecido la duración del año en el calendario que imperaba hasta esa fecha, que era el juliano, fijado en el año 46 a.C. por el emperador Julio César, quien, al parecer, lo había tomado a su vez del egipcio. Este calendario establecía que un año duraba 365,25 días y no 365,242189, lo que a efectos prácticos se traduce en once minutos de diferencia anuales que, acumulados desde el Concilio de Nicea en los más de mil años transcurridos, sumaban la nada desdeñable cifra de diez días.

Por todo ello, y asesorado por la llamada Comisión del Calendario, un conjunto de técnicos expertos en la materia, encabezado por dos astrónomos de primer orden, Clavio y Lilio, Gregorio se mostró favorable a que se aprobara la reforma. Así, el 24 de febrero de 1582, a través de la bula *Inter Gravissimas*, se modificó este calendario de manera que los diez días, ese error temporal calculado por los científicos, fueron borrados de un plumazo de la línea del tiempo y de la Historia. De esa forma, todos los lugares en los que tenía influencia la Iglesia vieron cómo del jueves 4 de octubre de 1582 se pasaba sin remedio al viernes 15 de octubre. Además de lo anterior, con esta modificación se aprovechó para cambiar de fecha el día adicional que debían tener los años bisiestos, tal y como lo conocemos hoy, cada 29 de febrero. Progresivamente se fue implementando en todo el mundo este nuevo calendario que adoptó el nombre de su propulsor Gregorio.

Sin embargo, aunque este papa haya pasado a la Historia fundamentalmente por la reforma relativa al tiempo, también fue un pontífice muy activo en muchos otros órdenes. Por un lado, estuvo muy concienciado con la reforma de la Iglesia y con la aplicación de las disposiciones del Concilio de Trento. Así, por ejemplo, en lo relativo a la instrucción del clero, dispuso la creación de colegios y seminarios en los que se formaran los sacerdotes, confiando en buena medida en el colegio romano de los jesuitas, al que hoy se conoce con el nombre de Pontificia Universidad Gregoriana en honor al papa que fue su protector. Asimismo, Gregorio preparó un nuevo *Martyrologium Romanum* en 1586 y confirmó la reforma de la Orden de las Carmelitas Descalzas de santa Teresa de Jesús en 1580.

Por otro lado, quiso ser previsor y preparar la ciudad de Roma para el Jubileo de 1575, así que mandó construir muchas obras de arte y monumentos que hoy son muy reconocidos, como el palacio Quirinal o la fuente de la Piazza Navona, por poner algunos ejemplos.

Gregorio murió en Roma en 1585 con ochenta y tres años. En el Vaticano se recuerda su memoria en la Galería de los Mapas (*Galleria delle carte geografiche*).

El entierro de santa Teresa de Jesús

Una de las anécdotas más curiosas que nos puede ayudar a entender el impacto del cambio en el calendario gregoriano la encontramos en la vida de esta santa, tan querida y venerada en España. Santa Teresa de Ávila, que se llamaba en realidad Teresa Sánchez de Cepeda y Ahumada, nació en 1515 y murió en 1582, concretamente ¡el día 4 de octubre! Recordemos que ese día fue el que justamente se eligió para realizar el cambio al nuevo calendario y que conllevó la desaparición inexorable de los diez días que era necesario ajustar para que todo encajara. Por este motivo, aunque su entierro se produjo en las siguientes veinticuatro horas tras su fallecimiento, realmente no se dio sepultura a la mística hasta el 15 de octubre de 1582. Es este segundo día el que ha prevalecido para la celebración de la onomástica de esta santa conocida como «la monja andariega».

37

Las profecías de san Malaquías

FECHA: AÑO 1595. La primera referencia a las profecías de san Malaquías data de 1595, a pesar de que el santo que supuestamente profetizó la lista es del siglo XI.

LUGAR: VENECIA. El monje benedictino belga Arnoldo Wion publicó un libro titulado *Lignum Vitæ, Ornamentum, & Decus Ecclesiae* en el que aparecen las profecías de san Malaquías por primera vez.

ANÉCDOTA: El libro fue todo un éxito en Europa y curiosamente no fue censurado por los inquisidores a pesar de su carácter esotérico y su cita final apocalíptica.

Arnoldo Wion tenía cuarenta y un años cuando publicó el famoso libro cuyo título traducido al español sería «El árbol de la vida, ornamento y gloria de la Iglesia». Poco se sabe sobre los detalles de esta interesante historia, pero cabe suponer que el escritor sabía ya el impacto que iba a tener el pasaje en el que publicaba la lista con las supuestas profecías de san Malaquías. En efecto, fue todo un éxito editorial en la Europa de la época. Poco importó que el santo a quien Wion atribuyó la lista, que era san Malaquías de Amargh, un arzobispo del siglo XI procedente de Irlanda del Norte, a quien Clemente III canonizó en 1190, hubiera hecho supuestamente tales predicciones cuatrocientos años antes sin que se hubiera sabido nada más del tema entre esos años. Es más, tenía san Malaquías un biógrafo que lo conoció muy bien, san Bernardo de Claraval, que escribió la vida y los milagros del santo sin mencionar jamás estas profecías. Tampoco hizo mención a otra que se le atribuyó más tarde y que versaba sobre el destino de Irlanda. Sobre el país de los tréboles, el santo predijo que pasarían muchos años bajo el dominio inglés, pero que sería fiel a su fe y al final habría un cambio de tornas con castigos para los ingleses y la independencia para los de Irlanda.

Con todo, el mundo entero parecía dispuesto a creer en ellas a toda costa. Incluso en los años siguientes, y aún en nuestros días, encontramos detractores y defensores de la autenticidad de las profecías. De entre los que intentaron demostrar que eran falsas destaca especialmente Claude-François Menestrier en el siglo XVII, quien escribió una obra con el propósito de refutarlas estableciendo como prueba de que eran fraudulentas la existencia de patrones consistentes en los lemas relativos a papas anteriores a Wion, es decir, hasta Urbano VII, que fue papa en tiempos del autor. Por el contrario, a partir de ese momento, los patrones cambiaban y ya no se referían solamente a los apellidos o lugares de nacimiento de los papas, sino que eran reseñas mucho más abstractas y ciertamente más complicadas de interpretar y sobre todo de conectar de forma evidente y no artificial con el pontífice al que aludirían.

Por el lado de los defensores destaca Onofrio Panvinio, reputado historiador del siglo XVI que ocupaba el cargo de corregidor y revisor de la Biblioteca Vaticana en 1590. Panvinio no dudó de su autenticidad. Quien también la defendió fue François Cucherat, en 1871; este abad afirmó que el santo fue a visitar a Inocencio II y escribió su lista entre 1139 y 1140, que se la entregó al Papa, quien la guardó, y que con el tiempo quedó olvidada hasta que la publicación del *Lignum* la rescató.

Hoy en día no se acepta mucho la veracidad o el valor predictivo de las profecías; aunque se admite que en algunos casos la asociación es muy intuitiva, en otros resulta bastante más difícil. Veámoslo con algunos ejemplos. El primero de los papas a los que menciona fue Celestino II, a quien se refiere como «*Ex Castro Tiberis*»; este pontífice había nacido junto a un castillo al lado del río Tíber. A Pío III le llama «*De parvo homine*» («un hombrecito») y se refiere a su apellido, que es Piccolomini (*piccolo* es «pequeño» y *uomo* es «hombre»).

Hasta aquí los papas son anteriores a Arnoldo Wion, con lo que la precisión pudiera estar justificada porque ya eran pontífices en el momento de la publicación, como defendía Menestrier.

No obstante, si nos vamos a papas posteriores a Wion, encontramos también casos muy llamativos como, por ejemplo, Inocencio X, con el lema «*Jucunditas crucis*» (o «alegría de la cruz»); este pontífice resultó elegido en la fiesta de Exaltación de la Cruz, por lo que la coincidencia es bastante evidente. También es curiosa la de Juan Pablo II, cuyo lema era «*De labore solis*», que significa que trabaja de sol a sol, lo que nos da una idea del modo en que este pontífice aguantó su cruz hasta el final de su vida; según otras interpretaciones, la asociación se explica porque nació y murió en días que hubo eclipse de sol.

Otros no nos lo parecen tanto. Por ejemplo, Juan Pablo I, que tenía el lema «*De Medietate lunae*» y se interpreta como que su mandato comenzó con la luna exactamente a la mitad, pero también porque procedía de Belluno, diócesis de la media luna.

El último papa

En la lista de las profecías aparecen ciento once papas más un último que es, curiosamente, el único que no aparece numerado y al cual denomina Pedro II el Romano, en un guiño que haría referencia al primero de todos, san Pedro, quien por su parte representaría el origen. De esta forma se ofrecería la idea al lector de que con este pontífice final se cerraría definitivamente el círculo y sería el fin de los tiempos. Toda la cita de este último papa es más extensa y detallada que las del resto: «Seguidamente, el último de la Santa Iglesia de Roma se sentará. Pedro el Romano, quien apacentará a las ovejas entre muchas adversidades: después la ciudad de las siete colinas será destruida, y el Juez terrible juzgará a su pueblo. Fin».

Muchos interpretan esta profecía como que la Iglesia volverá a ser perseguida como al principio de los tiempos.

38

El juicio de Galileo

FECHA: AÑO 1633. El Santo Oficio obligó a Galileo Galilei a abjurar y a retractarse de haber defendido el heliocentrismo de Copérnico, que se consideraba contrario a las Sagradas Escrituras.

LUGAR: ROMA. Galileo fue llamado por la Santa Inquisición, acusado de herejía. En el juicio estuvo presente el papa Urbano VIII, que había sido anteriormente gran amigo del científico.

ANÉCDOTA: Cuentan que cuando Galileo escuchó la sentencia que le obligaba a retractarse, pronunció la famosa frase «y, sin embargo, se mueve». Muchos dudan de que sucediera así.

Urbano VIII (1568-1644) era amigo de Galileo Galilei antes de que las cosas se torcieran de manera irreversible. Pero ni en sus pensamientos más recónditos pudo adivinar el

Papa el daño que acabaría sufriendo la Iglesia con sus posturas inquisitoriales en contra del astrónomo, matemático, físico, ingeniero y filósofo, considerado por muchos el padre de la ciencia moderna.

Lo cierto es que no hubiera querido el Papa, cuyo nombre verdadero era Maffeo Vincenzo Barberini, que el científico y él terminaran de esa forma. Ambos eran florentinos, ambos amaban las artes y las ciencias y se habían divertido juntos cuando, siendo aún cardenal, le había escrito el poema *Adulatio Perniciosa* y a cambio Galileo le había dedicado *Il Saggiatore* (*El ensayador*), la obra que publicó en 1623.

Sin embargo, para Urbano VIII, Galilei a veces se mostraba terco e irracional. Ya le habían avisado desde Roma de que Copérnico era *persona non grata*. Las teorías copernicanas habían sido prohibidas ya en tiempos de Pablo V, y su libro *De revolutionibus orbium coelestium*, publicado en 1543, engrosaba la lista del Índice de libros prohibidos. El propio cardenal Roberto Belarmino había ordenado a la Inquisición que investigara los trabajos de Galileo y le había pedido que enunciara sus teorías como meras hipótesis y no como conclusiones cerradas e irrefutables. Solo le pedían que no las expresara de una forma tan contundente. ¿Por qué se empeñó Galileo en seguir defendiendo a Nicolás Copérnico abiertamente, a pesar de todas las advertencias? Definitivamente, Galileo se había comportado como un provocador insistiendo en mostrarse partidario de las tesis que defendían que la Tierra orbitaba alrededor del Sol.

La Inquisición expresó bien clarito que sus afirmaciones eran «imprudentes, y absurdas para la filosofía, y formalmente heréticas, por ser contrarias a la Escritura para la teología». De poco sirvió.

En 1632 volvió a la carga Galileo con un libro que se tituló *Dialogo sopra i due massimi sistemi del mondo* (*Diálogo sobre los dos máximos sistemas del mundo*) en el que, de forma indirecta y ante dos personajes ficticios que dialogan, parecía estar defendiendo otra vez que la Tierra se mueve y que gira alrededor del Sol. ¡El heliocentrismo de nuevo! Pero no solo se quedó ahí. En la obra se ridiculizaba a aquellos defensores del geocentrismo de Ptolomeo a través de uno de los personajes, Simplicio, que fue una argucia literaria que usó el matemático para criticar abiertamente la posición inquisitorial de 1616 y que fue vista por muchos, incluido el propio Urbano VIII, como una grotesca forma de caricaturizar al Pontífice, una maña vil de dejarle en evidencia. El Papa, sintiéndose traicionado, no se lo perdonó. Sin embargo, muchos autores sostienen que Galileo no podía imaginar que Roma reaccionaría de la forma en que lo hizo, ni que el papa Urbano cambiaría para siempre su actitud hacia él.

Galileo fue llamado a Roma para presentarse de inmediato ante el Santo Oficio. Sin embargo, ya no era ningún jovencito; era un anciano enfermo de sesenta y ocho años, y con Italia amenazada por un nuevo brote de peste, el científico se demoró en su viaje. La Inquisición le apremió a no retrasar su presencia por más tiempo, y en abril de 1633 por fin se inició la causa. Bajo amenazas de tortura, la sentencia le condenó a abjurar de sus planteamientos herejes y a vivir bajo arresto domiciliario. Galileo Galilei obedeció y se retractó. No en vano se dice que era un hombre de creencias religiosas que no pretendía ofender a la Iglesia, sino que quería separar la interpretación no siempre literal de la Biblia de las conclusiones de la ciencia.

Se dice que en el momento de la sentencia inquisitorial, un apenado pero pertinaz Galileo habría pronunciado la frase «*Eppur si muove*» («y, sin embargo, se mueve»). Esta sentencia pasaría a la Historia como la máxima expresión que refuta el dogmatismo frente a la razón y que representa la brecha entre ciencia y religión. Otros autores niegan que esto sucediera, al menos en ese preciso momento frente a los inquisidores que lo habían amenazado. Era un desafío que no se podía permitir frente al tribunal.

Urbano VIII asistió a los juicios en los que escuchó impertérrito la sentencia. Galileo cumplió el arresto domiciliario mientras seguía estudiando e investigando desde su residencia en Florencia. Al final de su vida, ciego y muy enfermo, recibió autorización para mudarse a su casa de San Giorgio junto al mar. Murió en 1642.

Juan Pablo II pide perdón

Las autoridades eclesiásticas del siglo XX empezaron a mostrar abiertamente un arrepentimiento en la forma en la que se trató a Galileo Galilei por expresar algunas conclusiones científicas que el tiempo refrendó. Papas como Pío XII rindieron homenaje al científico y le honraron exaltando su figura como «el más audaz héroe de la investigación…». Asimismo, elogiaron su capacidad para ir contra lo establecido asumiendo los riesgos que conocemos por defender aquellas ideas en las que creía firmemente.

Sin embargo, habría que esperar cuatrocientos cincuenta años desde la muerte de Galilei para que Juan Pablo II ofreciese al mundo uno de los momentos más esperados por la ciencia. Se trata de la apertura de las actas del proceso y la revisión del juicio. Como conclusión, se rindió un homenaje en el Vaticano al florentino y el Papa pidió perdón por los errores cometidos por la Iglesia en los debates teológicos del siglo XVII.

39

Una obra demasiado realista

FECHA: 1650. El artista sevillano Diego Rodríguez de Silva y Velázquez realizó su segundo viaje a Roma en plena cima de su carrera y aclamado por todos como artista.

LUGAR: ROMA. El papa Inocencio X (Giovanni Battista Pamphilj) tendría unos setenta y seis años cuando posó para Velázquez. Llevaba aproximadamente seis años ocupando el solio de san Pedro.

ANÉCDOTA: Era absolutamente inusual y un privilegio que un papa posara para un artista extranjero. Cuando vio la obra terminada, cuentan que Inocencio X exclamó: «¡Es demasiado realista!».

Cuando en 1650, Velázquez (1599-1660) pintó al papa Inocencio X (1574-1655) poco imaginaban ambos la relevancia y el reconocimiento que la obra llegaría a tener para el público en general, para los artistas y críticos de su época, así como para las generaciones posteriores. Desde entonces han sido muchos los pintores que se han obsesionado con esta obra, estudiándola a conciencia y tratando de imitarla de manera insaciable y compulsiva.

Bien es cierto que Velázquez era ya un pintor muy experimentado que estaba en lo alto de su carrera cuando realizó aquel segundo viaje a Roma. También lo es el hecho de que el sevillano no escatimó en esfuerzos para hacerse una composición del perfil psicológico del Pontífice. Sabía que a pesar de su evidente vejez, seguía siendo un hombre vital y enérgico, aunque también que tenía siempre esa expresión meditabunda y sombría que había que saber captar.

A pesar de todas estas consideraciones, no es menos cierto que, por la época en la que realizó la visita al Vaticano, Velázquez llevaba ejerciendo como pintor de cámara de Felipe IV desde 1623. Ese era el cargo más importante de entre todos los pintores de la corte, por lo que ya tenía en su haber unos cuantos cuadros del rey y su familia. Muchas de las grandes obras maestras del artista, como *El triunfo de Baco* o *La fragua de Vulcano*, fueron realizadas en una época anterior a este retrato de Inocencio y en ellas el autor ya muestra su maestría y lo genial de su técnica. Entonces ¿por qué se le ha dado tanta importancia a este cuadro en concreto? ¿Por qué ha sido objeto de tanta admiración y culto?

La respuesta puede intuirse con una simple mirada al cuadro. Esa expresión inquietante del Papa, la mirada profunda y grave, inquisitiva tal vez, la boca tensa y el rojo intenso de la ropa producen un efecto de misterio similar al que tiene el espectador al ver *La Gioconda.* El Papa está un poco girado y no sonríe. No tiene la expresión amable con la que solían representarlo los italianos de la época, como Rafael o Carlo Maratta, en sus obras. Era realista, demasiado tal vez. Al visualizar la imagen, uno no puede evitar preguntarse qué era aquello que atormentaba a Inocencio en el momento en que posaba para el pintor.

Y eso mismo debió de notarlo el retratado, porque no pudo evitar sentirse abrumado al ver la obra y exclamó precisamente esto que se cuenta: «¡Es demasiado realista!». Como vemos, hace cuatrocientos años los reyes y los papas también agradecían un poco de retoque en sus retratos. A pesar de todo, Inocencio X supo admirar y reconocer el talento de Velázquez, a quien regaló una medalla de oro como obsequio por el trabajo realizado, que el pintor conservaría toda su vida con afecto.

Las reacciones no se hicieron esperar. Muchos empezaron ya entonces a copiar el retrato, como Pietro Martire Neri (1591-1661), del que se conserva una obra en la que pinta al Papa con un secretario y que actualmente pertenece a la colección del monasterio de El Escorial. Posteriormente, sir Joshua Reynolds (1723-1792), primer presidente de la Royal Academy of Arts de Londres, lo calificó como el mejor cuadro de Roma y uno de los mejores retratos de todos los tiempos.

Pero si hubo alguien realmente obsesionado con esta pintura, ese fue el pintor irlandés Francis Bacon (1909-1992). Tanto fue así que realizó un completo estudio de la obra de Inocencio X que consta de unas cuarenta obras entre bocetos, pinturas y otras representaciones. Esta serie conocida como *The Screaming Popes* («Los papas que gritan») refleja el intento de extraer de la obra de Velázquez las emociones de Inocencio ligadas a la angustia y al aislamiento. Bacon anhelaba plasmar la psique del retratado, lo que tal vez explica por qué se obsesionó tanto con este cuadro. En su reinterpretación vemos influencias de otros artistas como Picasso o Munch.

Lo más curioso es que, al parecer, su obsesión por repetir una y otra vez de forma compulsiva la imagen de Inocencio terminó para Bacon con una enorme sensación de impotencia y fracaso que le llevó a abandonar sus intentos en 1966. Además, se negó a ver el cuadro original de Velázquez que hoy se conserva en la Galería Doria Pamphili de Roma, también conocida como Palazzo Doria-Pamphili, pues dijo no estar preparado para soportar el impacto que tendría ver de cerca la obra que calificaba como el mejor retrato del mundo.

¿Qué preocupaba a Inocencio mientras posaba para Velázquez?

Fueron muchos los asuntos que pudieron contribuir a la expresión meditabunda del papa Inocencio X en el retrato de Velázquez.

En primer lugar, el proceso contra Cornelio Jansenio. Sus tesis iban en contra del libre albedrío y, lejos de resolverse la cuestión con Urbano VIII, el jansenismo se agravó durante los primeros años del papado, hasta que en 1653 Inocencio intervino y lo condenó por hereje.

También tuvo que enfrentarse al cardenal Mazarino, sucesor de Richelieu en Francia, quien nunca apoyó su candidatura y lo manifestó retirando a su embajador en Roma. Tuvo que ceder a no pocas pretensiones de los franceses para normalizar la situación con el país galo.

Por último, cuando en 1648 se firmó la Paz de Westfalia que puso fin a la guerra de los Treinta Años, el tratado no defendió suficientemente los preceptos de la fe cristiana, lo que llevó a Inocencio a protestar con vehemencia.

40

La lucha contra la masonería

FECHA: AÑO 1738. Clemente XII condenó la masonería por primera vez en la bula *In eminenti apostolatus specula*. En ella prohibía a los católicos ser masones bajo pena de excomunión.

LUGAR: ROMA. La Iglesia asistía con preocupación a las actividades del barón Philipp von Stosch, anticuario prusiano afincado en Roma y Florencia, quien se reconocía abiertamente francmasón.

ANÉCDOTA: El Papa, ciego, enfermo y postrado en una cama, delegó sus responsabilidades en dignatarios de la curia. En concreto, en su sobrino Neri Corsini.

La historia de la francmasonería o masonería está llena de imprecisiones y claroscuros que hacen que resulte muy complicado establecer con exactitud la fecha en que surgen las primeras logias. Y es que con frecuencia las leyendas y la realidad en torno a estas asociaciones secretas se entremezclan y el resultado se tiñe de confusión.

Algunos hablan de que Adán fue el primer masón, otros que los primeros fueron los constructores de las pirámides, muchos se retrotraen a la Orden del Temple como primera organización masónica y también abundan los que apuntan a los humanistas del Renacimiento. Entremedias aparecen ligados a la masonería conceptos como la alquimia, la adoración a dioses paganos o el secretismo que le dan un extraño barniz esotérico.

A su vez, resulta difícil delimitar qué define a una sociedad secreta con tintes masónicos, aunque podemos identificar algunos puntos que tienen en común todas ellas: ritos iniciáticos, el espíritu de fraternidad, una simbología propia que refuerza el sentimiento de pertenencia o el supuesto objetivo último de encontrar la verdad.

Lo que sí parece contrastado es la aparición de una masonería «moderna» con la creación de la Gran Logia de Londres en 1717, cuyos documentos fundacionales llamados *Constituciones de Anderson* se publicaron en 1723. Precisamente fue la segunda edición de esos documentos en el año 1738, junto con las actividades del barón Philipp von Stosch, lo que llamó la atención de la Iglesia en torno a la masonería en esa fecha.

El barón era un anticuario prusiano afincado en Italia. Persona extravagante en muchos aspectos de su vida, coleccionaba objetos raros, tenía costumbres poco ortodoxas y había sido espía para los británicos en Roma, de donde había tenido que salir huyendo para terminar refugiándose en Florencia. Pero lo más provocador que hizo fue reconocer abiertamente su pertenencia a una logia florentina. Eso hizo que se dispararan todas las alertas en el Vaticano y que el papa Clemente XII (1652-1740) decidiera actuar.

Probablemente no lo hizo de forma directa, pues estaba postrado en la cama sin apenas poder moverse, ciego y demasiado mayor para poder sobrellevar en persona las responsabilidades de la tiara. Por eso cabe pensar que fueron aquellos que formaban su círculo de confianza (especialmente su sobrino Neri Corsini) los que se encargaron de elaborar y promulgar la bula en su nombre.

Lorenzo Corsini, como se llamaba en realidad Clemente, era ya un anciano cuando fue elegido papa en el año 1730, y tan solo doce meses después de su nombramiento se había quedado ciego, de modo que desde el principio tuvo que delegar en otros dignatarios.

Fue el 2 de abril de 1738 cuando se dio a conocer la bula *In eminenti* en la que el tono que adoptaba la Iglesia era firme y se pronunciaba desde una posición condenatoria y disciplinaria: «También hemos llegado a saber, aun por la fama pública, que se esparcen a lo lejos, haciendo nuevos progresos cada día, ciertas sociedades, asambleas, reuniones, agregaciones o conventículos, llamados vulgarmente de francmasones o bajo otra denominación, según la variedad de las lenguas, en las que hombres de toda religión y secta, afectando una apariencia de honradez natural, se ligan el uno con el otro con un pacto tan estrecho como impenetrable según las leyes y los estatutos que ellos mismos han formado, y se obligan por medio de juramento prestado sobre la Biblia y bajo graves penas a ocultar, con un silencio inviolable, todo lo que hacen en la oscuridad del secreto».

Como vemos en el extracto, deliberadamente se hacía hincapié en ese secretismo que envolvía y todavía envuelve a las logias, impidiendo saber a los profanos qué se oculta detrás. Esta falta de transparencia se percibía como una amenaza, desde la Iglesia y desde otros estamentos, pues también muchos monarcas se pronunciaron contra las organizaciones masónicas. Tal fue el caso, por poner un ejemplo, de Felipe V de Borbón, que se manifestó claramente contra los miembros de las fraternidades. En el caso de la Iglesia, esta condenó como herejía la pertenencia a cualquier secta masónica, decretando la excomunión inmediata como principal consecuencia. Pero no era necesario ser miembro de una de las organizaciones para ser considerado hereje, sino que, además, el decreto papal decía que bastaba con asistir a uno de sus conventículos o asambleas o proteger a cualquiera de los miembros o cualquier acto de colaboración con ellos. Asimismo, se instaba a todos los obispos, prelados superiores y a cualquiera que tuviera un cargo eclesiástico a luchar y perseguir a los masones.

Masonería e Iglesia hoy

Desde 1738 hasta hoy, las condenas a la masonería por parte de la Iglesia han sido constantes. El propio papa Francisco ha hablado de los peligros de estas fraternidades en diversos actos públicos.

Pero, además, el Código de Derecho Canónico vigente, que fue promulgado por el papa Juan Pablo II en 1983, establece en su canon 1374: «Quien se inscribe en una asociación que maquina contra la Iglesia debe ser castigado con una pena justa; quien promueve o dirige esa asociación ha de ser castigado con entredicho». Esta redacción actual es más suave que la que tuvo en versiones anteriores, más explícita en torno a la masonería. Ratzinger, entonces prefecto de la Congregación para la Doctrina de la Fe, aclaró en el momento de su publicación que la posición de la Iglesia no se había movido un ápice, por lo que seguía siendo incompatible pertenecer a la masonería con la doctrina de la Iglesia.

41

Napoleón contra Pío VII

FECHA: 2 DE FEBRERO DE 1808. El papa Pío VII fue detenido y conducido preso a Savona, muy cerca de Génova, donde se le trató de forma indigna por orden de Napoleón Bonaparte.

LUGAR: SAVONA. Conducido por la fuerza hacia su duro cautiverio, nadie tuvo en cuenta la disentería que padecía el Pontífice ni la infección en la vejiga durante su traslado.

ANÉCDOTA: El mismo carcelero que había confinado al Papa acabaría convertido en recluso tras la derrota en Waterloo y hasta su muerte en la isla de Santa Elena.

El papa Pío VII protagonizó un pontificado largo (del 14 de marzo de 1800 al 20 de agosto de 1823) y, sin duda alguna, también sufriente y azaroso, debido al encarnizado enfrentamiento que mantuvo durante demasiado tiempo con el temible Napoleón Bonaparte.

Hijo del conde Escipión Chiaramonti y de la marquesa

Chini, Barnaba Niccolò había nacido en Cesena, al pie de los Apeninos y muy cerca del mar Adriático. Cursó la primera enseñanza en el Colegio de Nobles de Rávena y con catorce años ingresó ya en el monasterio benedictino de Santa María del Monte, próximo también a su localidad natal.

En el Cónclave de Venecia se eligió papa a este hombre dulce, piadoso, humilde y enérgico, quien, asistido por Ercole Consalvi, secretario de Estado de la Santa Sede, tuvo la satisfacción inicial de concertar el Concordato con Napoleón, el 15 de julio de 1801. Pero su alegría, como advertimos, duró demasiado poco tiempo, pues enseguida se vio obligado a protestar contra los «77 artículos orgánicos» que añadió por su cuenta y riesgo, sin negociación alguna, el gobierno francés.

Pío VII no pudo evitar así viajar a París para conocer en persona al primer cónsul que era entonces Napoleón Bonaparte, en 1804. Precisamente durante el Consulado se había dictado el Código napoleónico que unificaba las leyes civiles francesas. Tanto Talleyrand como Fouché se opusieron con uñas y dientes al concordato por considerar excesivas las concesiones a los católicos. Era la Iglesia la que debía, en todo caso, supeditarse al Estado, y no al contrario. La religión se reducía en aquellos artículos orgánicos a un mero fenómeno sociológico que, como tal, debía controlarse desde el mismo aparato político del Estado. Y, claro, Pío VII no estaba dispuesto a comulgar con ruedas de molino, aunque al final no tuviera más remedio que hacerlo para conseguir el nombramiento del cardenal Giovanni Battista Caprara como legado en París, así como el retorno de los sacerdotes emigrados y el establecimiento de un efimero período de paz que al menos suavizaba los enconados enfrentamientos registrados hasta entonces.

Pero el rumbo de los acontecimientos varió de modo brusco y vertiginoso. Tras la toma de Roma por parte de Napoleón el 2 de febrero de 1808, y la consiguiente anexión de los Estados Pontificios en mayo del año siguiente, Pío VII fue detenido y conducido preso a Savona, cerca de Génova, donde se le trató de forma indigna.

El Papa había rechazado con todas sus fuerzas el decreto de junio de 1809 que le arrebataba todo el poder sobre sus estados con la publicación de una bula en la que castigaba con la excomunión inmediata a todos aquellos que se comportasen de modo violento contra la Santa Sede.

Conducido por la fuerza hacia su cautiverio, nadie tuvo en cuenta la disentería que padecía el Pontífice ni la infección en la vejiga urinaria que se le desató durante su traslado en coche cerrado hasta Savona. Para colmo de males, el coche volcó mientras recorría una senda empedrada y tuvo que ser reemplazado de inmediato por otro para proseguir un viaje convertido en todo un calvario, ya que se prolongó nada menos que durante cuarenta y dos días. Una vez en Savona, el Papa se sometió a tres años de confinamiento ininterrumpidos, como el peor de los criminales. Solo la oración y la lectura diaria de los libros sagrados mantuvieron su ánimo levantado sin que pudiese dirigir la Iglesia a la que tanto amaba.

Pero aun así, el Pontífice no vio quebrantada su voluntad ni dio jamás su brazo a torcer, como esperaba Napoleón sometiéndole a tan penoso cautiverio. Pío VII esgrimió hasta el final la única arma que le quedaba: negarse en rotundo a nombrar obispos en Francia. Hubo así hasta diecisiete sedes vacantes, pues por más que Napoleón se empeñaba en conseguir aquellos nombramientos, llegando a convocar incluso de modo unilateral un concilio nacional en 1811, los participantes mostraron su adhesión incondicional al Papa, quien fue trasladado a otra prisión en Fontainebleau en condiciones lamentables.

Falleció con ochenta y un años, tras veintitrés años, cinco meses y seis días de pontificado. Hubo a quienes les pareció oírle susurrar, mientras rendía su alma al Altísimo, los nombres de Savona y Fontainebleau como la peor penitencia.

Avatares de la Historia: el mismo carcelero que había confinado al Papa durante años interminables, acabaría convertido en otro recluso tras la severa derrota en Waterloo, el 15 de junio de 1815, hasta su misma muerte acaecida el 5 de mayo de 1821 en la prisión de la isla de Santa Elena.

Condena a los carbonarios

Napoleón intentó arrancar a Pío VII un nuevo concordato durante su segundo confinamiento en Fontainebleau, pero el Pontífice lo desautorizó de modo inmediato en 1813 sin darse por vencido. Cuando por fin regresó a Roma, tras la caída de Napoleón, el Papa restableció la Compañía de Jesús el 7 de agosto de 1814. Reorganizó también los Estados Pontificios y firmó varios concordatos con Baviera y Cerdeña en 1816.

El Pontífice, aunque enfermo, se mantuvo firme hasta el final de su reinado, durante el cual estableció también los concordatos con Nápoles y Rusia en 1818, y con Prusia en 1821. Mediante una bula suya condenó a los carbonarios en 1821, una sociedad secreta fundada en Nápoles a principios del siglo XIX que aspiraba sobre todo a la libertad política y a un gobierno constitucional. Tras la caída de Murat, la lucha se dirigió contra el rey Fernando I de las Dos Sicilias.

42

El papa que no quiso guardar las apariencias

FECHA: AÑOS 1848-1871. Máximo clima de inestabilidad política. Florecían las ideas revolucionarias y comenzaba el proceso de unificación italiana. El poder temporal papal y los Estados Pontificios se veían amenazados.

LUGAR: ROMA. El Papa se negaba a renunciar a la soberanía papal sobre los Estados Pontificios y la retenía como habían hecho sus predecesores. Se reabría nuevamente la «cuestión romana».

ANÉCDOTA: Los revolucionarios juzgaron como traición la resistencia del Papa. Por ello asediaron la sede papal y Pío IX se vio obligado a huir disfrazado de monje (1848).

Giovanni Maria Mastai Ferretti (1792-1878) salió elegido contra todo pronóstico en el cónclave de 1846 y eligió su nombre, Pío IX, como homenaje a su bienhechor Pío VII.

Era un hombre de fe profunda y viva, de talante natural alegre, emotivo, generoso y humilde que a veces metía la pata con comentarios espontáneos teñidos de fina ironía sobre algunas personas. Se cuenta que, en cierta ocasión, afirmó que para no envanecerse en su condición de Sumo Pontífice, solía distraerse con la calva del embajador de Francia. Bromas aparte, el Papa era un trabajador incansable con una jornada que comenzaba a las cinco de la mañana y que alternaba la oración con los despachos propios de su posición.

Es interesante hacerse esta composición de lugar sobre Pío IX para poder entender cómo logró sobrevivir a todo lo que le tocó afrontar durante su largo pontificado. Por poner al lector en situación, eran años en los que emergía el marxismo y el comunismo, las doctrinas que propugnaban el liberalismo económico y que nadaban a caballo entre las ideas de la Revolución francesa y las de la Revolución industrial. Además, el contexto político era inestable, con un ambiente revolucionario que había prendido desde Turín hasta Nápoles y que proponía reformas políticas y, en última instancia, la independencia y la unificación italiana.

Así las cosas, todos sus contemporáneos se preguntaban cómo afrontaría el nuevo papa el panorama descrito. Se le consideraba un hombre liberal y progresista que nada más llegar al poder había hecho gala de esa consideración. Había decretado la libertad de los presos políticos, había ampliado la libertad de prensa, había permitido que se creara el ferrocarril y había puesto luz de gas en las calles. Los revolucionarios se frotaban las manos.

Sin embargo, Pío IX no tenía ninguna intención de apoyar la Revolución y quiso dejarlo bien claro ya desde 1846, en la encíclica inaugural *Qui Pluribus* en la que condenaba las ideologías incompatibles con la fe, así como el liberalismo que pretendía apartar al hombre de su Creador. Su discurso se hizo más conservador y, por tanto, reacio a admitir la ola revolucionaria de 1848. Se mostró tajante y contrario a renunciar al poder temporal del Papa y a los Estados Pontificios, lo cual le costó el asedio de los revolucionarios a la sede papal y le obligó a huir a Gaeta en 1848, donde le acogió Fernando II, rey de Nápoles.

Los revolucionaros, por su parte, tomaron Roma en ese año, declararon la República romana y promulgaron una Constitución en la que afirmaban que el Papa había sido despojado de hecho y de derecho de su poder temporal. Pío IX no pudo volver a Roma hasta 1850 una vez aplacados los disturbios, pero en ese tiempo las cosas habían cambiado de forma irremediable. Se había iniciado todo un proceso de laicización y separación entre Iglesia y Estado que empezaba en la misma escuela y se daba en todos los órdenes de la vida civil. Ligado al sentimiento nacionalista, todo se tiñó de cierto poso anticatólico.

Cuando toda Italia se encontraba ya unificada, a excepción de parte de los Estados Pontificios, Víctor Manuel fue nombrado rey de Italia en 1861. El monarca tenía la intención de culminar la unificación italiana, y así se lo trasladó a Pío IX, ofreciéndole salvaguardar algunas posesiones y darle garantías de protección si guardaba las apariencias y le facilitaba el acceso a Roma. Sin embargo, Pío IX se negó, rehusó reconocer la unidad italiana, excomulgó a Víctor

Manuel y se enclaustró en el Vaticano, donde vivió como un prisionero. La situación perduraría hasta 1929, cuando se firmaron los Pactos de Letrán que reconocían al Estado Vaticano como un ente independiente y al Papa como su soberano.

A pesar de sus enfrentamientos con el rey, Pío IX, que era un hombre piadoso y devoto, cuando supo que Víctor Manuel estaba en su lecho de muerte, envió a un sacerdote a levantar la excomunión, a administrarle los santos sacramentos y, en definitiva, a disponer las cosas de forma que el monarca pudiera morir en gracia de Dios y ser enterrado como cristiano.

Tanta actividad política, y además tan intensa, no le impidió a Pío IX ocuparse de sus deberes espirituales. Así, a él le correspondió proclamar como dogma la Inmaculada Concepción (1854), la bula en la que se reconocía la infalibilidad papal (*Ineffabilis Deus*), así como la doctrina del magisterio pontificio *ex cathedra* establecida en *Pastor Aeternus* (Concilio Vaticano I, 1870).

Fue beatificado en el año 2000 por Juan Pablo II.

Superarás el tiempo de Pedro

Cuenta la tradición que hacia 1871 circulaba una profecía apócrifa que señalaba que ningún papa superaría el tiempo de san Pedro en el solio. Lo más curioso es que las fuentes no se ponen de acuerdo en cuánto duró el primer pontificado, con lo que es casi imposible determinar si Pío IX batió o no al de las sandalias.

Al parecer, al cumplir veinticinco años de papado, Pío IX hizo gala de su natural sentido del humor y mandó poner un mosaico con la efeméride en la basílica de San Pedro, junto a la estatua de bronce del pescador como un guiño a la profecía.

En todo caso, su pontificado fue el más largo de entre los sucesores del apóstol. Duró exactamente treinta y un años, siete meses y veintidós días. Más de treinta años en los que asistió impotente a la sucesión de vertiginosos cambios en el mundo.

43

Soy yo, la Inmaculada Concepción

FECHA: AÑO 1858. Cuatro años antes, el papa Pío IX promulgó el dogma de la Inmaculada Concepción, que en siglos precedentes había generado una gran controversia dentro de la Iglesia.

LUGAR: LOURDES (Francia). La Virgen María se apareció en la cueva de Massabielle a una niña de catorce años muy humilde, llamada Bernadette Soubirous. Se le aparecería hasta dieciocho veces.

ANÉCDOTA: Son famosos los milagros sanadores del agua que brotó de la piedra durante las apariciones. Millones de enfermos acuden anualmente a las piscinas en busca de sanación.

Bernadette Soubirous tenía catorce años aquel día 11 de febrero de 1858 en que su vida cambió para siempre. Estaba con su hermana y con una amiga cerca del río Gave y junto a la gruta de Massabielle, en la villa francesa de Lourdes. Caminaban las tres muchachas a buen paso, pero la precaria salud de Bernadette siempre la obligaba a rezagarse un poco respecto de sus compañeras. En esta ocasión se hallaba sentada descalzándose para cruzar el río cuando levantó la cabeza. Entonces la vio.

¿Qué fue lo que vio? ¿Cómo explicar al resto lo que había visto? No tenía palabras para describir tanta belleza. Al fin y al cabo, no era una persona culta con abundancia de recursos o un amplio vocabulario para poder explicarse del modo en que le hubiera gustado. Hizo lo que pudo. «Vi a una señora vestida de blanco: llevaba un vestido blanco, un velo también de color blanco, un cinturón azul y una rosa amarilla en cada pie.» No pudo decir más.

Pero la cosa no iba a quedar así. Esa sería la primera de una serie de visitas en las que Nuestra Señora le pediría con insistencia que rezara, e incluso después de orar se quedaba un rato con ella y le revelaba cosas. Le habló de muchos temas, algunos más íntimos de Bernadette, pero otros de mayor trascendencia, como la necesidad de hacer penitencia por los pecadores y de rezar el rosario. Cada vez que acudía Bernadette a su llamada, más personas lo hacían con ella para intentar ver «algo». Así fue como, llegado un cierto punto, la gente empezó a ir con velas encendidas y de ahí se instauró la costumbre de caminar en procesión por la noche con las velas hasta la cueva.

En una de las apariciones, la Virgen le pidió a la muchacha que bebiera de la fuente y comiera de la hierba que había junto a la gruta. En otra, curó el brazo de una amiga de Bernadette que sanó al mojarlo con el agua de esa misma fuente. Esto fue fundamental en la historia del santuario, porque esas mismas aguas constituyen hoy día un balneario con piscinas en las que millones de enfermos del mundo entero acuden buscando desesperadamente la sanación de sus males. La Iglesia ha reconocido muchos de los milagros producidos en esas inmersiones.

Por el mes de marzo, Nuestra Señora solicitó a Bernadette que trasladase a las autoridades su deseo de que erigiesen una iglesia en la zona para que las gentes pudieran acudir en procesión. La muchacha así se lo comunicó al párroco de Lourdes, pero este, como santo Tomás, pidió alguna prueba que le ayudase a creer todo lo que la joven venía contando. «¡Dile que nos diga su nombre!», le solicitó. Y Bernadette, que era de natural obediente y dócil, fue a sus apariciones ordinarias y le trasladó a la Virgen lo que el párroco le había pedido.

No podía imaginar el sacerdote la respuesta que iba a recibir a su petición. La Virgen se la dio el 25 de marzo de ese año, de la siguiente manera y en palabras de la propia muchacha: «Levantó los ojos hacia el cielo, juntando en signo de oración las manos que tenía abiertas y tendidas hacia el suelo, y me dijo que era la Inmaculada Concepción». Estremecido. Así fue como se quedó el párroco de Lourdes. Una jovencita como Bernadette no podía conocer la expresión teológica del dogma de fe que, tan solo cuatro años antes, el Santo Padre Pío IX había promulgado. ¿Cómo era posible entonces que...?

Las declaraciones de la Virgen llegaban en el momento preciso. El papa Pío IX acababa de promulgar el dogma, pero lo había hecho tras una intrincada y compleja controversia entre teólogos, la llamada «controversia inmaculista». Piense el lector que muchos no creían en él. La rama protestante, por ejemplo, no acepta la doctrina de la Inmaculada Concepción. Otros muchos teólogos lo discutían, de modo que era algo debatido no solo en aquellos tiempos, sino desde los mismísimos orígenes de las primeras comunidades cristianas. Se trataba de discernir si María fue concebida o no sin pecado original, sin mancha, sin mácula.

Por eso resulta si cabe más fascinante que tan solo cuatro años después de que finalmente Su Santidad Pío IX diera el paso para promulgar el dogma, una niña ignorante que nada sabía de estas cuestiones expresara con las palabras exactas esa advocación mariana de una forma tan apropiada y tan bien traída.

Otras apariciones marianas

A lo largo de la Historia, la Virgen se ha aparecido en diversas ocasiones, algunas reconocidas por la Iglesia y otras no. Así, por ejemplo, la Virgen del Pilar se le apareció al apóstol Santiago en Zaragoza, en el año 40 d.C. A partir de ahí comenzaron a sucederse en el tiempo este tipo de revelaciones privadas, siendo especialmente conocidas las apariciones de la Virgen de Guadalupe (1531) al indio Juan Diego, o las acontecidas en Fátima (1917). En estas últimas, la Virgen reveló a los tres pastorcillos —Lucía, Francisco y Jacinta— secretos que luego habrían de ser compartidos con el mundo entero. Además, la Virgen pidió consagrar Rusia a su inmaculado corazón para el fin del comunismo y para la paz.

De entre las no reconocidas aún por la Iglesia destacan las apariciones de Medjugorje, en Bosnia-Herzegovina, y las de Garabandal, en España. La Iglesia sigue trabajando en la investigación de estas apariciones para probar su autenticidad.

44

Papamóviles y otras curiosidades papales

FECHA: AÑO 1981. El atentado de Juan Pablo II llevó a que se blindaran los papamóviles para poder garantizar la seguridad de los papas al circular entre la multitud congregada para verle.

LUGAR: ROMA. Desde 1930 los papas han empleado toda una sucesión de vehículos oficiales, aunque el primer papamóvil de verdad lo usó Juan Pablo II, el papa viajero.

ANÉCDOTA: El primer pontífice que usó coche fue Pío XI, un regalo de la marca Mercedes. Al verlo, exclamó: «Es una obra maestra de la ingeniería moderna».

«Papamóvil» es un término tan común que hasta la Real Academia Española lo reconoce como el vehículo acristalado y blindado que usa el Papa en sus desplazamientos entre la multitud. Sin embargo, la definición, de haberse efectuado antes de 1981, habría sido ligeramente distinta, porque el atentado que sufrió el papa Juan Pablo II aquel año llevó a que a partir de entonces se blindaran los papamóviles. Antes no se hacía.

Y es que aquel fatídico 13 de mayo, el terrorista Ali Agca aguardaba al Santo Padre en la plaza de San Pedro, entre toda una multitud que quería ver a Su Santidad. Allí, agazapado y perdido entre toda la gente, vio aproximarse al Pontífice en su papamóvil descapotado y no dudó en dispararle. Nada menos que cuatro balazos recibió Juan Pablo II, que, como es sabido, a punto estuvo de morir.

A partir de este hecho histórico se determinó la necesidad de proteger a los papas dentro de los coches como si viajaran en tanques. A pesar de todo, algunas veces en las visitas oficiales puede observarse que los pontífices se pasean con las ventanillas bajadas para saludar y disfrutar del cariño de los fieles y así acercarse más al pueblo.

Otra de las curiosidades en torno a los vehículos oficiales que transportan a los papas es que siempre llevan una matrícula con la inscripción SCV1, que significa *Stato della Città del Vaticano* («Estado de la Ciudad del Vaticano»).

¿Siempre? Bueno, siempre no. Como en todo, hubo una primera vez.

Las fuentes coinciden en que fue en el año 1930. Al parecer, la marca Mercedes le regaló a Pío XI un Mercedes Nürburg 460. El Papa exclamó con gran júbilo que era una maravilla de la ingeniería moderna, pues al parecer le gustaban mucho los coches. A pesar de todo, no lo usó nada más que para dar paseos esporádicos por el Vaticano. Sin embargo, representaba un cambio revolucionario, pues su antecesor, Pío X, había rehusado usar el automóvil para sus desplazamientos porque le parecía fuera de tono en el Vaticano y porque consideraba que aquello iba demasiado rápido... ¡a sus cuarenta kilómetros por hora!

En las décadas siguientes, la marca de la estrella siguió regalando vehículos a los papas en los que fue incorporando nuevos avances y comodidades. Por ejemplo, el Mercedes-Benz 300D que le regalaron a Juan XXIII en los años sesenta ya disponía de aire acondicionado, que el Papa podía regular desde el trono, y un techo convertible. Este modelo se conocía popularmente como «Mercedes Adenauer» por ser el que utilizaba el canciller de la República Federal de Alemania, Konrad Adenauer. Dicen que Juan XXIII no dudó en darle la bendición papal y que, además, mandó grabar su escudo.

En 1965, Pablo VI sustituyó el vehículo por un modelo Mercedes 600 Pullman. El Pontífice eligió ese año un Ford Lincoln para una visita a Estados Unidos, lo que resulta anecdótico en la medida en que ese modelo fue el mismo que transportaba a John Fitzgerald Kennedy cuando perdió la vida en el famoso atentado de Dallas.

A partir de los setenta, las marcas de los papas han ido variando. Juan Pablo II tuvo, entre otros, un Fiat Campagnola, que fue el vehículo en el que sufrió el atentado. A pesar de las insistencias de su equipo de seguridad, nunca permitió que se deshicieran del coche. Le apodaron «el papa viajero» por la cantidad de viajes oficiales que realizó, por lo que es lógico que tuviera a su disposición un montón de vehículos distintos.

Respecto a su sucesor, Benedicto XVI, cuentan que le gustan los coches y que habitualmente se desplazaba en sus visitas en uno de la casa Mercedes.

Francisco, considerado popularmente como uno de los papas más humildes y austeros de la historia reciente, usa un papamóvil también de la marca Mercedes, pero para su uso personal suele utilizar un Ford Focus azul metalizado que incluso conduce él personalmente.

Esa política de austeridad de Francisco no ha impedido que algunas de las marcas automovilísticas más lujosas hayan obsequiado a Su Santidad con algunos de sus modelos más exclusivos. Tal fue el caso de Harley Davidson, que donó a Francisco una Harley Dyna Super Glide, o Lamborghini, que le regaló un modelo deportivo rojo. Ambos fueron sacados a subasta por el Pontífice y adjudicados por cantidades desorbitadas.

Por último, parece que la Santa Sede también está empezando a tomar conciencia del cambio climático y que optará en lo sucesivo por coches ecológicos que contribuyan a un Vaticano libre de emisiones.

La Iglesia con los tiempos

No siempre avanza la Iglesia con los tiempos, dicen algunos. En cambio sí lo hizo con los coches en los años treinta del pasado siglo, y ahora nos sorprende con su proceso de adecuación al mundo online. No puede negarse que la Iglesia ha hecho un esfuerzo para adecuarse a este mundo digital, pues, según algunos medios, la Santa Sede tiene cuentas en distintas redes sociales, a través de las cuales el Vaticano, bajo el nombre de Vatican News, difunde principalmente noticias e informa a su comunidad. El papa

Francisco también tiene su propio perfil en algunas de las redes.

Desde la Santa Sede apuntan que «el reforzamiento de nuestra presencia en redes sociales constituyó uno de los efectos del gran proceso de reforma de los medios vaticanos en proceso de completarse».

Hasta ese momento, el principal medio de comunicación del Vaticano era Radio Vaticano, creada en tiempos de Pío XI (1931).

45

El exorcismo de Hitler

FECHA: AÑOS 1939-1945. Pío XII afrontó durante su pontificado uno de los períodos más convulsos de la historia reciente, la subida de Hitler al poder y la Segunda Guerra Mundial.

LUGAR: ROMA. Desde el Vaticano, Pío XII organizó servicios para facilitar información sobre prisioneros y desaparecidos, así como para prestar ayuda humanitaria con especial atención a los judíos perseguidos.

ANÉCDOTA: A pesar de que dio protección a miles de judíos y evitó sus deportaciones, una malvada campaña difamatoria llevó a que le llamaran «el papa de Hitler».

Aunque Eugenio Pacelli, es decir, el papa Pío XII (1876-1958), trató de evitar, por todos los medios a su alcance, el inicio de la Segunda Guerra Mundial, de nada le sirvieron sus loables intenciones, ni su vasta cultura ni su carisma. El Führer invadió Polonia el 1 de septiembre de 1939 y con este movimiento «relámpago» dio comienzo la segunda conflagración mundial y el horror del Holocausto que, como todo el mundo sabe, se cobró millones de vidas en los campos de exterminio.

Pío XII dejó clara su postura desde el principio. Dicen que caló a Hitler antes incluso de su acceso al poder y que ya en 1929 era muy consciente de que se trataba de un ególatra peligroso, aunque erró en subestimar lo lejos que llegaría. A medida que las tensiones en Europa fueron en aumento, desde la Santa Sede el Papa trabajó incansablemente para evitar la guerra. Seguía firme en la idea que había pronunciado al ser elegido pontífice, «llamando a la paz en aquellas horas difíciles y agitadas».

Pero no se limitó a oraciones o simples declaraciones, sino que tuvo una postura activa. Llegó incluso a escribir a Hitler personalmente y realizó cuantos esfuerzos estuvieron en su mano para ayudar a los judíos a evitar la deportación. Les daba cobijo en universidades y edificios protegidos por la extraterritorialidad y realizaba innumerables gestiones diplomáticas al efecto.

Además, en octubre de 1939, el Papa redactó su primera encíclica y, por supuesto, en ella condenó el totalitarismo y se refirió al sufrimiento de los polacos. Un poco después, en 1940, no quiso desaprovechar la visita del ministro de Asuntos Exteriores alemán, Joachim von Ribbentrop, que viajaba a Roma para convencer a Mussolini de entrar en la guerra, para entrevistarse con él. En el encuentro, que duró más de una hora, el Pontífice denunció con datos, fechas y nombres concretos la persecución de la que eran objeto muchos católicos. Sin embargo, el emisario nazi se lavó las manos. La puerta nuevamente se le cerró al Pontífice, que solo pudo valerse de su propio nombre para seguir luchando por defender a los judíos perseguidos y salvar el mayor número de vidas posible.

No obstante, la Historia tenía preparada una enorme injusticia para este papa. En 1963, la obra de teatro del alemán Rolf Hochhuth, titulada *El vicario*, pintaba una visión de Pío XII completamente diferente. Presentaba a un papa cómplice del Holocausto y eso dio pie a una sarta de calumnias que deformó por completo su imagen. Algunos le llamaron «el papa de Hitler», y otros le acusaron de mirar para otro lado mientras los nazis cometían todos aquellos crímenes de lesa humanidad. La campaña difamatoria ensombreció su figura durante años.

Sin embargo, no se corresponde en absoluto con la persona que fue. Como escribió el historiador José Orlandis en su obra *El papa Pío XII* (1997), la mejor prueba para defender sus actuaciones durante la guerra es la de que el mismísimo rabino de Roma durante la guerra, Israel Zolli, decidió convertirse al catolicismo y tomar el nombre de Eugenio en honor al Papa. ¿Acaso no es eso significativo?

En este mismo sentido también tenemos algunos testimonios más recientes de personas que estuvieron a su servicio y que comparecieron en los juicios del proceso de beatificación del Pontífice iniciado por Pablo VI. Así, la monja sor Pascalina Lehnert, que desempeñó el cargo de ama de llaves y asistente personal de Pío XII durante cuarenta años, hizo constar en su declaración jurada que muchos obispos consideraban a Hitler un endemoniado, y que alertaron varias veces al Santo Padre, quien, después de meditar sobre el asunto, optó por rezar por su alma y realizar exorcismos en su capilla privada delante de las religiosas. No debieron de dar muy buenos resultados, a juzgar por todo el sufrimiento que causó el dictador.

Existen algunas fuentes adicionales a través de las que podemos reiterar la idea de que la actuación de Pío XII en la guerra fue irreprochable. Se trata de una amplia documentación publicada en 1965 por el Vaticano bajo el título «Actos y documentos de la Santa Sede relativos a la Segunda Guerra Mundial».

El papa Francisco anunció la apertura a partir de marzo de 2020 de los archivos secretos del Vaticano a fin de limpiar de una vez por todas la imagen de este papa maltratado por la Historia.

Los Aliados toman Roma

En 1944, Roma fue tomada por las fuerzas aliadas, que veían en ella un centro militar importante por su nudo ferroviario y sus campos de aviación. Se produjeron bombardeos en la ciudad que se cobraron muchas vidas y causaron una enorme destrucción. El Papa se asomó a la ventana y vio todo aquel humo y se puso en lo peor. Sin perder los nervios, mandó llamar al secretario de Asuntos Eclesiásticos, Giovanni Battista Montini, y le ordenó sacar una importante suma del banco y pedir un coche. Se dirigieron a la zona bombardeada, donde se encontraron con miles de personas heridas, algunas enterradas entre las ruinas, cadáveres, lamentos y desolación. El Papa rezó con aquellas gentes, maravilladas al verle acercarse con sus ropas blancas y su figura imponente, al que agarraban buscando su protección. El Papa se manchó la sotana de sangre y fango mientras recorría a pie la zona y repartía el dinero entre quienes lo habían perdido todo.

46

Un testamento sorprendente

FECHA: 9 DE OCTUBRE DE 1958. Ese jueves, a las 3.52 horas, se anunció oficialmente la muerte del papa Pío XII; tenía ochenta y dos años y su pontificado había durado diecinueve.

LUGAR: CASTEL GANDOLFO. En la residencia estival del Papa, Pío XII se encontraba cada vez más enfermo y debilitado, hasta que finalmente sufrió una embolia que terminó con su vida.

ANÉCDOTA: En 1954, un severo ataque de gastritis hizo temer por su vida. Cuentan que tuvo una milagrosa recuperación tras una visión de Jesús junto a su lecho.

Fue muy duro para cuantos conocieron y apreciaron a Pío XII ver cómo la persona vital e incansable, que se acostaba el último cada noche y se levantaba puntualmente antes de salir el sol, iba deteriorándose y perdiendo su habitual energía. El cardenal Tardini, que lo conoció bien, comentó en cierta ocasión, con una gran dosis de humor, que los médicos decían del Papa que llevaba una «vida inhumana» marcada por sus horarios exigentes, su mortificación y penitencia habituales, y su característico despliegue de actividad. También contaban sor Pascalina y algunos de sus allegados que, entre otros mil quehaceres, sacaba tiempo incluso para hacer algo de ejercicio antes de ponerse a despachar sus responsabilidades cotidianas dentro de su agenda oficial.

Sin embargo, sus más de ochenta años le pesaban cada vez más a Pacelli, que ya no era ningún niño, y muy a su pesar, se sentía cada vez más achacoso y cansado. Aun así, trataba por todos los medios de que nadie notase ese agotamiento en Pío XII, su otro yo. De modo que nunca se permitió relajarse en su costumbre de atender a las gentes en Castel Gandolfo o sentarse durante horas en su estudio frente a su máquina de escribir (él fue, por cierto, el primero en usar una).

En 1954 ya tuvo el primer aviso. El Pontífice sufrió un serio ataque de gastritis y de hipo que asustó a todos en la Santa Sede haciendo temer por su vida, pero del que se recuperaría milagrosamente, para sorpresa, sobre todo, de su equipo médico. Él mismo dijo que en la madrugada del 2 de diciembre había tenido una visión de la persona dulce de Jesús junto a su lecho mientras rezaba el *Anima Christi*. Algunos llamaron a este momento «el milagro del año mariano». El caso es que salió adelante y continuó trabajando como si el mundo fuera a terminarse y debiera dejarlo todo bien organizado.

Sin embargo, en 1958 se sentía ya muy débil. Pío XII asistía impotente frente a la multitud de peregrinos que habían ido a verlo, al ímprobo esfuerzo que representaba ya para él el simple gesto de levantar su mano para poder saludar a la turba.

La mañana del 6 de octubre de 1958, después de celebrar misa, el Papa se retiró a su estudio, donde estuvo tecleando. En un determinado momento reinó el silencio. La máquina cesó su golpeteo y entonces ya no se oyó nada. Cuando entraron en la habitación, se lo encontraron derrumbado sobre su escritorio. Había sufrido un ataque y estaba en coma. «Su pronóstico es fatal», dijo una voz solemne y grave desde Radio Vaticano. El 9 de octubre se anunció oficialmente que Pío XII había fallecido. La noticia finalizaba con las siguientes palabras: «la Iglesia y el mundo entero, por cuyo provecho gastó sus brillantes energías intelectuales, su corazón y sus acciones, se congregan ahora en duelo alrededor de su cuerpo y de su memoria agradeciendo la inmensa obra que llevó para restablecer entre los hombres, hijos de Dios, la fuerza de la justicia, la ley y la paz».

Su testamento se hizo público, y en él Pío XII dejaba constancia nuevamente de la pasta de la que estaba hecho:

> *Miserere mei, Deus, secundum (magnam) misericordiam tuam*. Estas palabras, que, consciente de mi indignidad e insuficiencia, pronuncié en aquel momento, en el que con temor acepté la elección como papa, repito ahora con justificación aún mayor, porque soy más consciente de mi indignidad e insuficiencia después de las deficiencias y errores durante un pontificado tan largo y una época tan grave. Pido humildemente perdón a todos aquellos a

> los que he herido, lastimado o incomodado con la palabra o el hecho.
>
> Pido a aquellos a quienes el asunto compete, no preocuparse de monumentos a mi memoria. Es suficiente que mis pobres restos sean sepultados en un lugar sagrado, cuanto más escondido, mejor [...].

Este testamento emotivo y sobrecogedor forma parte de la documentación que nutre el expediente de beatificación del Pontífice iniciado por el papa Pablo VI en el año 1965. Su beatificación ha sido muy discutida por ciertos colectivos, como el judío, por las controversias relativas a sus actuaciones en la Segunda Guerra Mundial. Sin embargo, entre 2007 y 2009, Benedicto XVI lo declaró «venerable».

El proceso de beatificación continúa abierto y la noticia anunciada del papa Francisco relativa a la apertura de los Archivos Vaticanos en marzo de 2020 puede servir, en su caso, para imprimir un poco de velocidad al proceso.

Embalsamamiento fallido

Cuentan que, en el momento de su muerte, el cadáver de Pío XII fue embalsamado en aquella misma sala en la que había perecido. El Pontífice había dicho que no quería que le extrajeran los órganos de su cuerpo, como era lo habitual, sino que era su deseo descansar de la misma forma en que Dios lo creó. Por esa razón, su médico Riccardo Galeazzi-Lisi y el embalsamador Oreste Nuzzi optaron por aplicar un nuevo procedimiento, inventado por este último a fin de lograr una mejor conservación de los restos mortales del Pontífice. Dijo Galeazzi-Lisi que se usaron aceites y resinas con las que en su tiempo se ungió el cuerpo de Jesús. Sin embargo, el calor impidió que la misión de estos dos hombres se consumara con éxito y se hizo necesario utilizar una máscara de cera sobre el rostro del papa Pío XII para celebrar sus funerales.

47

Las profecías vaticanas del padre Pío

FECHA: AÑOS 1948-1974. Varias veces el padre Pío mostró su capacidad para conocer hechos futuros. Así, a Juan Pablo II y a Pablo VI les anticipó cuál sería su destino.

LUGAR: SAN GIOVANNI ROTONDO. El santo nació en Pietrelcina en el año 1887, pero vivió en San Giovanni Rotondo desde el año 1916 hasta su muerte, acaecida en septiembre de 1968.

ANÉCDOTA: Cuando Juan Pablo II visitó la tumba del padre Pío en 1987, proclamó: «Gracias al Señor por habernos dado al padre Pío en este siglo tan atormentado».

«¡Soy un misterio para mí mismo!», dijo el fraile capuchino en una carta fechada en 1916. Para él y para todos, no hay duda. Porque entre otros de los muchos dones que tuvo el de Pietrelcina, estuvo su capacidad de predecir algunos hechos venideros. Esa capacidad llegó hasta el

Vaticano, ya que el padre Pío fue capaz de predecir, no uno, sino dos de los papas elegidos para ocupar el solio de Pedro. Hablamos de los futuros papados de Pablo VI y Juan Pablo II.

En el primero de los casos, corría el año 1959 cuando Giovanni Battista Montini (futuro Pablo VI) visitó la Casa de la Providencia, donde estaba en ese momento Alberto Galletti, hijo espiritual del padre Pío, visitando a uno de los enfermos ingresados. Galletti se esmeraba por distraer al enfermo con anécdotas de san Giovanni Rotondo. Montini, en ese momento arzobispo de Milán, le preguntó por el santo de los estigmas y quiso mandarle al padre Pío un cariñoso saludo de su parte, junto con el deseo de contar con su bendición para su archidiócesis. Galletti cumplió diligentemente tal encargo, quedándose sorprendido de la reacción del capuchino, quien exclamó que le agradecía el saludo y que, por supuesto, contaba con su bendición y con sus indignas oraciones. Pero no se limitó a eso, sino que después de pensarlo un poco, añadió: «Dile también a Su Excelencia que, cuando muera este papa [Juan XXIII], él será su sucesor. ¿Te has enterado?». Mucho le insistió el padre Pío, pues quería asegurarse de que había comprendido el mensaje ya que el futuro pontífice debía prepararse para lo que le aguardaba. Montini fue elegido papa (el número 262) con el nombre de Pablo VI unos años después, en 1963.

Algo parecido ocurrió con Juan Pablo II. Se conocieron en 1948, cuando el joven Karol Wojtyla fue ordenado sacerdote y acudió a verle personalmente y a confesarse con él. Ya entonces vio sus estigmas y no solo el capuchino predijo su papado, sino que surgió entre ellos una afectuosa relación que perduró en el tiempo. Así, mantuvieron correspondencia posteriormente y el fraile ayudó a Juan Pablo II en varias ocasiones. La más conocida y relatada es la de la intercesión para curar a su amiga, la doctora Wanda Półtawska, quien estuvo prisionera en el campo de concentración de Ravensbrück, donde fue sometida a varios experimentos médicos a manos de los nazis. Su salud se resintió y en 1962 era víctima de un cáncer. Wojtyla acudió al padre Pío y el fraile, sin dudarlo, respondió: «¡A este no se le puede decir que no!». Luego le pidió a su administrador que guardara la carta porque un día, dijo, sería un documento importante. Tan solo once días después, el futuro papa volvió a escribir al capuchino y le anunció que su amiga había recuperado instantáneamente la salud antes de someterse a la intervención quirúrgica, y le daba las gracias afectuosamente a él y a Dios.

Por todas estas razones y por muchas más, sus contemporáneos quedaron fascinados con la figura del padre Pío. De él dijo el papa Benedicto XV que «es uno de los hombres extraordinarios que el Señor manda de vez en cuando a la Tierra para convertir a las almas».

En 1987, con motivo del centenario de su nacimiento, Juan Pablo II pronunció frente a la tumba del santo sentidas palabras de agradecimiento al Señor por habernos dado a alguien como el padre Pío en un tiempo de tantas tribulaciones. Y en el año 2002, el 16 de junio, lo canonizó recordando en la ceremonia los dones de este gran santo del siglo XX.

Para entender mejor la capacidad profética del padre Pío bastan las palabras del sacerdote Pierino Galeone, que vivió gran parte de su vida junto al santo y por quien decidió fundar el Instituto Secular Siervos del Sufrimiento. Del padre Pío explicó: «Sabía la historia de la Iglesia hasta el fin del mundo. Conoció siete papas, desde León XIII hasta Juan Pablo II. Recuerdo que cuando Wojtyla fue a verle, el padre Pío me dijo guiñándome un ojo: "¡Estate cerca!". Más tarde comprendí por qué. También estaba al corriente de la historia civil del planeta. Sabía perfectamente en qué consistían cada uno de los secretos de Fátima. Cuando la Virgen pidió allí oración y penitencia a los fieles para que acabase la Primera Guerra Mundial, el padre Pío se ofreció a Ella para que acabase por fin la conflagración [...]».

«Daré más guerra muerto que vivo»

Esas palabras fueron pronunciadas por el padre Pío como un presagio de lo que sería capaz de hacer después de su muerte. En este sentido, centenares de personas en todas partes del mundo experimentan el milagro de la conversión, curaciones inexplicables y, por supuesto, todo un cambio de vida que sobreviene tras vivir esas experiencias. Además, el lugar en el que vivió, San Giovanni, se ha convertido en un santuario, en un lugar al que muchos fieles peregrinan cada año a fin de acercarse un poco más al santo y visitar la tumba donde pueden verse los restos del fraile que permanecen allí incorruptos y expuestos al público desde 2008.

Por mi parte, desde la publicación de mi libro *Padre Pío*, y tras la realización de las películas que narran su vida y sus obras, recibo diariamente miles de testimonios de personas transformadas por intercesión de este gran santo del siglo XX.

48

El taller del orfebre

FECHA: 19 DE DICIEMBRE DE 1988. Cinco mil invitados de honor acudieron ese lunes al preestreno de una película muy especial, que tuvo lugar en la sala de audiencias Pablo VI en el Vaticano.

LUGAR: ROMA. En la sala se congregaban personalidades importantes, desde miembros destacados de la curia hasta dirigentes de televisión y otras personalidades del mundo del cine y del espectáculo.

ANÉCDOTA: Las monjitas presentes cuchicheaban decepcionadas antes de comenzar la proyección. «¡No ha venido el autor!», decían visiblemente decepcionadas. Y ese no era otro que Juan Pablo II.

De Juan Pablo II (1920-2005) sabemos muchas cosas. Posiblemente sea uno de los papas mejor conocidos por todos, entre otras cosas, porque tuvo un pontificado muy largo (más de veintiséis años), el tercero más longevo de la Historia después de Pío IX y san Pedro. Durante todo ese tiempo no dudó en dejarse ver cuanto pudo, y por ese mismo motivo se le recuerda como «el papa viajero» al haber visitado nada menos que ciento veintinueve países, a muchos de los cuales llegó hablando en la lengua local. Eso le acercó más aún a las multitudes que lo esperaban siempre deseando vitorearle. Por supuesto, al Papa le encantaba y respondía a las arengas con humor

Era Karol Jósef Wojtyla un personaje de gran carisma, uno de los líderes más influyentes del siglo XX, una persona cercana que no tenía miedo a la gente y al que le gustaba sonreír. Muchos criticaban la tendencia del papa polaco a las congregaciones multitudinarias en las que todo se convertía en un espectáculo de masas, pero Wojtyla tenía una especie de imán ya que, siendo un papa conservador, atraía incluso a la juventud con su talante cercano y amable.

«Lolek» le llamaban los más allegados.

Muchos decían que tenía las tablas de quien habría podido ser un gran actor, como demostró en su juventud. Cursó estudios de literatura y formó parte de una compañía teatral, aunque lo dejó todo para centrarse en sus estudios teológicos. Se cuenta que el entonces director del Teatro Rapsódico le dijo: «Tienes un magnífico porvenir como actor. ¿Qué podrías llegar a ser como sacerdote?». Pues lo que llegó a ser no fue cosa nimia. Se convirtió en el papa número 264 de la Iglesia católica, hecho que se produjo en octubre de 1978, al morir Juan Pablo I. Tenía solo cincuenta y ocho años.

Sin embargo, no se conoce tanto su destacada faceta como escritor. Quizá sí su habilidad como ensayista. Muchos de sus libros llegaron a ser auténticos best sellers. Pero pocos saben que Juan Pablo II escribía también poesías, a menudo en verso libre, tal vez porque su vida había estado marcada por el dolor desde que de niño perdió a su familia, primero a su madre y a su hermano y, más tarde, a su padre, y al quedarse solo aprendió a expresar así sus sentimientos más íntimos. Era un mecanismo de defensa contra la tristeza, aunque nunca dejó que esta le ganara la partida.

También se probó a sí mismo con otros géneros literarios como el dramático. Así, su obra de teatro *El taller del orfebre* fue escrita en 1956 y publicada en 1960 por la revista *Znak*, con un pseudónimo. En el drama explicaba, a través de tres historias entrecruzadas de tres matrimonios, su concepción sobre el amor y el matrimonio a lo largo de la vida. No solamente escribió ese drama, sino que hizo varias obras, en las que demostraba un alto grado de humanismo. Quería compartir y comprender el dolor humano, así como entender la naturaleza humana y el porqué de algunas atrocidades que había visto cometer a sus semejantes.

Algunos años más tarde, en 1989, *El taller del orfebre* fue llevado al cine por Michael Anderson (quien también dirigió *Las sandalias del pescador* en 1968, con Anthony Quinn como protagonista y con la que alcanzó un gran éxito mundial). En la adaptación al cine, Anderson contó para el reparto con actores de excepción como Burt Lancaster, Olivia Hussey y Jo Champa.

En el preestreno del 19 de diciembre de 1988, para decepción de muchos, el Pontífice no acudió a ver la película a la sala de audiencias del Vaticano con los más de cinco mil espectadores que sí lo hicieron. Él había asistido el día anterior a un pase privado, para valorar la película y dar el visto bueno. La cinta se proyectó y, al terminar, la audiencia estalló en sonoros aplausos. Después se produjo un encuentro del Papa con los actores, el director y los productores del filme, quienes le pidieron que escribiera un nuevo texto para hacer otra película, pero el Papa sonrió y rehusó la oferta con una ingeniosa respuesta: «Este ha sido un pecado de juventud y se peca solamente una vez en la vida». Los asistentes rieron con él.

Efectivamente, no volvió a publicar más obras de teatro; sin embargo, sus poemas han seguido publicándose, como el poemario *Tríptico romano* en 2003 y *Pensamiento de luz*, antología poética, en 2004.

MENS SANA IN CORPORE SANO

Juan Pablo II cultivaba su intelecto leyendo, escribiendo y estudiando, pero también cuidaba su forma física. Siempre demostró ser un apasionado de los deportes al aire libre. Le gustaba el fútbol, el senderismo, la canoa y el esquí, que siguió practicando después de ser elegido papa. También le gustaba la natación, el hockey sobre hielo y el ciclismo.

En el documental *Juan Pablo II habla al deporte* de los italianos Mario Farneti y Massimo Lavena, podemos ver abundante material fotográfico que corrobora su visión a este respecto. Al poco de ser nombrado papa, muchos periodistas le preguntaban si ser sucesor del trono de Pedro suponía el fin de su práctica deportiva, a lo que respondió que no. El declive en este sentido se produjo a raíz del atentado de 1981. Su salud y sus fuerzas quedaron muy mermadas como consecuencia de las heridas y ya no volvió a ser el atleta de antaño.

49

Juan XXIII o Johnnie Walker

FECHA: AÑO 1962. Pese a su avanzada edad, el papa Juan XXIII era un hombre extraordinariamente vigoroso que asombraba por el hecho de no mostrar el menor signo de fragilidad.

LUGAR: ROMA. Popularizó, sin quererlo, una marca de whisky por sus frecuentes paseos por Roma a causa de su nombre (en inglés, «Pope John») y el mote «Johnnie Walker».

ANÉCDOTA: El pueblo romano le dio el apelativo de «papa Giovanni» cuando antes estaba prohibido llamar al Pontífice con un nombre distinto del que fue elegido.

Siendo patriarca de Venecia, en marzo de 1953, y vistiendo las ropas escarlatas de su jerarquía con una esclavina de armiño sobre los hombros para abrigarse, el futuro pontífice Angelo Giuseppe Roncalli era la persona más alegre de todas. Sonriente, impartía su bendición a derecha e izquierda con tanta energía que su sombrero redondo y de alas anchas se mecía en su cabeza peligrosamente. De no habérselo sujetado varias veces, se le habría caído al canal infestado de góndolas.

Pese a sus setenta y siete años, el papa Juan XXIII (1881-1963) era un hombre extraordinariamente vigoroso. Provocaba a menudo el asombro, entre quienes se acercaban a él para saludarle, el hecho de no advertir el menor signo de fragilidad propio de su avanzada edad; al contrario, daba la impresión de una gran fortaleza de cuerpo y de espíritu, de entusiasmo juvenil y de irresistible júbilo.

Ante el brío y el empuje manifestados por el papa Roncalli, los aficionados a la historia legendaria de la Iglesia recordaban a otro pontífice interino, Sixto V, quien entró en el cónclave de 1585 tambaleándose, apoyado en un bastón y casi sin poder hablar. Al anunciarse su elección, el anciano arrojó su báculo, recobró de inmediato el ímpetu juvenil y fue una de las grandes figuras de la reforma católica.

Roncalli iba también a por todas. El diario británico *The Times* atisbó enseguida sus aires renovadores: «[El Papa] no entraba de puntillas en su reino, sino con la seguridad del propietario que abre de par en par las ventanas y cambia de sitio los muebles».

Y así fue. Todo el mundo le quería. Recién elegido, el pueblo romano ya no le dio otro apelativo que el de «papa Giovanni» («papa Juan»). Advirtamos que antes estaba prohibido llamar al Pontífice con un nombre distinto del que había sido elegido; por ejemplo, decir «papa Pío» para significar al papa Pío XII. Por eso los romanos decían siempre «*Pio dodicesimo*» o bien «*il Santo Padre*». Pero en el caso de Juan XXIII, todos —la curia, los párrocos, los tradicionalistas— permitieron sin problemas el uso de «papa Giovanni». Igual que hoy se le denomina «papa Francisco», sin numeral que valga, al antiguo cardenal Jorge Bergoglio.

Algunos recuerdan todavía la penosa ceremonia de la imposición de las vestiduras papales. Los sastres de la corte habían colocado junto a la Capilla Sixtina cinco modelos de diversos tamaños, pero ninguno de ellos satisfizo las necesidades del orondo pontífice.

Juan XXIII subió por primera vez a la silla gestatoria, para desde allí mostrarse a los fieles como vicario de Cristo. A la vista del inmenso gentío, susurró el Papa a su secretario, que le había acompañado hasta la galería media exterior de la basílica vaticana: «¿Quién sabe si me querrán todos los de ahí abajo, a pesar de que ellos no me han elegido…?».

Se equivocaba. Todos le ensalzarían. Su elección dio paso enseguida al más encendido jolgorio entre los presentes. Durante el cónclave, hasta los locutores de Radio Vaticano se habían mostrado confusos ante la salida del humo por la chimenea de la Capilla Sixtina: unas veces había sido bastante blanco, luego muy blanco, para volver a tomar, por fin, un color negruzco u oscuro. Resultaba divertido que durante aquellos días, en los bares, cantinas y restaurantes de la Ciudad Eterna, lo mismo que en el café de la iglesia de San Pedro, no se pidiese más que una marca de whisky: Black & White.

El papa Juan popularizó, sin quererlo, también otra marca de whisky escocés entre los romanos, que no eran de por sí tan amantes de esta bebida alcohólica. Sus frecuentes salidas y paseos por las calles de Roma le consiguieron muy pronto, a causa de su nombre (en inglés, «Pope John») el apelativo de «Johnnie Walker». El ingenio del pueblo estaba por encima de los respetos humanos incluso a la hora de aludir al mismísimo sucesor de Pedro.

Cuando concedió una audiencia privada al yerno de Nikita Jrushchov, algunos le criticaron por declinar «demasiado hacia la izquierda». Pero él no se arredró ante los reproches. «El Papa es siempre optimista», alegó. Y era la pura verdad.

Sus encíclicas *Mater et Magistra* (1961) y *Pacem in Terris* (1963), esta última publicada tras la llamada «crisis de los misiles» en octubre de 1962, rezuman la inspiración del lema de su escudo episcopal: *Obedientia et Pax*. Roncalli, conocido también en su día como «el papa bueno», encarnó quizá como ningún otro pontífice el irresistible optimismo.

«Dócil al Espíritu Santo»

El 27 de abril del año 2014 el papa Francisco canonizó a Juan XXIII. Bergoglio resaltó en aquella ocasión que «en la convocatoria del concilio, san Juan XXIII demostró una delicada docilidad al Espíritu Santo, se dejó conducir y fue para la Iglesia un pastor, un guía-guiado. Este fue su gran servicio a la Iglesia; fue el papa de la docilidad al Espíritu».

La canonización de Juan XXIII coincidió con la de Juan Pablo II. La Santa Sede estimó que medio millón de personas se concentraron en la plaza de San Pedro y las vías adyacentes, mientras que otras trescientas mil siguieron el evento a través de las pantallas gigantes distribuidas por la ciudad de Roma. Un total de ochocientos setenta sacerdotes distribuyeron la comunión a los fieles y unos dos mil millones de personas siguieron la celebración en todo el mundo por televisión.

50

El fruto prohibido

FECHA: AÑOS 1881-1963. El papa Juan XXIII, desde que cumplió los catorce años, tomaba notas de su vida en su *Diario del alma*, donde comparte con nosotros sus luchas internas.

LUGAR: SOTTO IL MONTE (BÉRGAMO). En el lugar que le vio crecer, y en el seno de una familia humilde, ocurrieron muchas anécdotas esenciales para entender la naturaleza del Papa Bueno.

ANÉCDOTA: Juan XXIII desde niño quiso ser sacerdote. El párroco le advirtió: «¡No te hagas cura. Mira cómo nos oprime el alzacuellos y lo que nos hace sudar!».

Cuando Angelo Giuseppe Roncalli fue elegido papa en 1958 no olvidó la anécdota del alzacuellos del párroco de Sotto il Monte, su pueblo. Aquel hombre sencillo solo trataba de explicarle a un muchacho de apenas diez años que con esa edad no podía uno estar tan seguro de querer entregar su vida a Dios. No llegó a entender entonces lo bien que ilustraba la imagen del alzacuellos apretado, lo escarpado que podía llegar a ser el camino a la santidad. Pero ahora sí lo entendía. Sin embargo, el Papa no recordaba haber querido ser otra cosa en su vida que sacerdote.

Juan XXIII siempre supo que las cosas más importantes de su vida las había aprendido de niño en el pueblo. Le gustaba vivir allí, donde la vida parecía transcurrir más despacio. De hecho, solía bromear diciendo que él tenía vocación de sacerdote de aldea y no de máximo representante de Cristo en la Tierra. Le abrumaba la pompa, el ruido y los elogios y florituras que algunos le dispensaban por ser el Vicario de Cristo. Le hacían sentir incómodo. Uno de los momentos de mayor estupor fue cuando, tras ser elegido, los cardenales le besaron los pies. Ordenó que aquello no se repitiera más, sin importarle que su secretario le advirtiera que aquel era el protocolo y que el protocolo en el Vaticano era una cosa muy seria.

No podemos olvidar que Angelo había sido el cuarto de catorce hermanos, en el seno de una familia muy modesta. En su casa comían gachas todos los días y siempre se iba muy justo de todo. Tanto era así, que el pobre Roncalli no pudo contenerse en cierta ocasión y sucumbió a la tentación de robar una sandía, ¡un verdadero manjar! Ejecutó su fechoría a la hora de la siesta, aprovechando que todos en el pueblo dormitaban. Estaba sentado a la sombra de una higuera a punto de darse el festín, cuando su tío Zaverio apareció de repente de la nada. «¿De dónde has sacado la sandía? No se me antoja a mí que en nuestro huerto haya madurado ninguna», le dijo a sabiendas de que la procedencia era otra muy distinta. El pícaro confesó. Su tío no se anduvo con chiquitas y le mandó devolverla y pedir perdón. Luego le dio con una palmeta en las manos y cuando se le saltaron las lágrimas a su sobrino, se mostró más benévolo y le consoló: «Tampoco te preocupes demasiado, que san Agustín, con ser tan gran santo, también se dedicó de chico a robar peras».

Este incidente le marcó de por vida, no por haber evitado comer del fruto prohibido, sino porque la figura de san Agustín llegó a ser muy importante para él. A pesar de todo, la fruta siguió siendo una gran tentación que más de una vez le hizo pasar apuros, como cuando, siendo ya prelado de Pío XII, llegó a enfermar por un atracón de higos. Los higos le perdían sin necesidad de que le tentara una serpiente.

También con la fruta tuvo otra interesante anécdota cuando estaba haciendo el servicio militar. Cuenta en sus notas Roncalli que en el ambiente del ejército lo pasó mal a menudo por dos motivos: uno, por lo mundana que se tornaba allí la vida, tan distinta a la del seminario, y dos, porque las cabriolas deportivas nunca fueron su especialidad y con frecuencia eran motivo de risas entre sus compañeros. En cierta ocasión, siendo cabo, tuvo que tomar parte en unas maniobras en Presolana, tierra de viñedos, y aunque las uvas no estaban maduras, en cuanto las vieron sus hombres, se lanzaron a por ellas. Roncalli, recordando el incidente de la sandía, trató de hacer como su tío Zaverio, pero no supo hacer valer su autoridad. Al estar al mando, cuando la cosa trascendió por las quejas de los campesinos, Roncalli fue sancionado. Confesaría más tarde que no le llegaba la camisa al cuello cuando le informaron de que el mismísimo coronel don Emerico Campi quería verle, algo harto inusual teniendo en cuenta las rígidas jerarquías militares.

La reprimenda del coronel terminó más pronto que tarde. Quiso el destino que el hombre fuera católico devoto, con ocho hijos, dos de los cuales monjas, una de ellas de clausura. Entendía que para Angelo la vida en el cuartel no le permitiera cumplir con sus prácticas religiosas. De modo que aquello le valió un ascenso a sargento y su vida fue mucho más sencilla desde ese momento.

El otro pecado, la carne

El Pontífice relata en sus diarios cómo se las ingeniaba para eludir otro pecado importante, el de la carne. De joven, por las noches, solía ponerse el rosario al cuello y las manos en forma de cruz en el pecho para mantener el decoro. No le costaba dormir en esa postura porque a él nunca le costaba dormir; es más, era su tendencia natural. Tenía buen sueño.

Tiempo después se esmeró en mantener una actitud distante y prudente respecto de las mujeres para evitar toda tentación. En una ocasión, en una recepción en el Elíseo, llegó una mujer con un vestido muy provocativo. Todos quisieron ver la reacción del cardenal Roncalli, quien de nuevo se escudó en su sentido del humor cuando dijo: «Lo que me extraña es que una señora entre ligera de ropa y los caballeros, en lugar de mirarla a ella, miren al nuncio de Su Santidad».

51

Ligero de equipaje

FECHA: AÑOS 1963-1978. Pablo VI fue elegido papa tras morir Juan XXIII, el día 21 de junio de 1963. Decidió reabrir el Concilio Vaticano II, que reformó profundamente la Iglesia.

LUGAR: ROMA. Escogió para su pontificado el nombre de Pablo VI, en honor al Apóstol de las Gentes. Su coronación se produjo el día de la festividad del santo.

ANÉCDOTA: Fue la última vez que un papa lució la tiara. El ornamento, que se usaba desde el siglo XIII, fue subastado para recaudar fondos para los pobres.

Giovanni Battista Montini (1897-1978) tuvo claro que una de las primeras cosas que debía hacer tras su nombramiento como papa era reabrir el Concilio Vaticano II, que su predecesor, Juan XXIII, había dejado inconcluso al morir. Enseguida se dio cuenta de que aplicar los mandatos del concilio al término de este iba a ser harto complicado, porque las reformas aprobadas en él enfrentaban a dos facciones de la Iglesia, los reformistas frente a los conservadores. El concilio representaba cambios muy profundos, pero Pablo VI opinaba que era necesario reconciliar a la Iglesia con los nuevos tiempos.

Por esa misma razón, también le dio importancia a mostrarse cercano con la gente. Si algo caracterizó a Pablo VI, fue su espíritu viajero. Nada tuvo que ver, ni por tiempo ni por alcance, con los viajes que realizaría posteriormente Juan Pablo II. Sin embargo, la ruptura con esa especie de atrincheramiento en el Vaticano del que habían hecho gala sus predecesores resultó obvia para muchos desde el principio, y por ello se ganó muy pronto el apodo de «el papa peregrino».

Y es que Pablo VI sabía que para acercar la Iglesia al mundo era necesario moverse y viajar, visitar países, entender otros problemas, otras culturas. No podía hacerse una idea de lo que necesitaba su rebaño si permanecía sentado en el solio, inmóvil y alejado de todos. Sin embargo, muy a su pesar, Montini había tenido una salud frágil desde niño que lo había condicionado en muchas ocasiones a lo largo de su vida, así que temía que de nuevo le impidiera llevar a cabo sus intenciones de viajar.

A pesar de todas sus limitaciones físicas y de salud, Pablo VI solía recordar el ejemplo de su padre ante las adversidades o cuando le flaqueaban las fuerzas: «A mi padre le debo ejemplos de coraje, la obligación de no rendirse al mal, la promesa de no preferir nunca la vida a lo que da sentido a la vida. Su enseñanza puede resumirse en una palabra: ser un testigo. Mi padre no tenía temores».

Y, en efecto, sirviéndose de ese ejemplo, Pablo VI cogió sus maletas, se puso el mundo por montera y se dispuso a hacer viajes. El primero de ellos fue en 1964 a Tierra Santa, donde se encontró con el entonces patriarca de Constantinopla, Atenágoras I, en el Monte de los Olivos y se abrazaron. Así logró un acercamiento entre ambas Iglesias y la revocación de los decretos de excomunión mutua lanzados en el Cisma de Oriente y Occidente en 1054.

Sin embargo, aquel viaje también tuvo sus sinsabores, pues en un determinado momento debió afrontar una situación diplomática muy delicada, ya que fue por esa época cuando se empezaron a difundir todo tipo de calumnias sobre la actuación de Pío XII durante la Segunda Guerra Mundial. Pablo VI, siendo todavía el cardenal Montini, había sido el más estrecho colaborador de Pío XII durante la invasión nazi, y en cierto modo era corresponsable de las actuaciones llevadas a cabo en su papado, al menos de forma indirecta. Los judíos estaban muy molestos, los medios no paraban de hacerse eco del tema y en pleno viaje era complicado manejar la cuestión. Por un lado, el silencio sería mal interpretado, pero, por otro, dar demasiadas explicaciones también. ¿Cómo actuar?

El papa Pablo VI decidió agregar a su discurso de despedida unas palabras. En ellas insistió en todas las cosas buenas de Juan XXIII para ayudar a los que lo habían necesitado. Él mejor que nadie fue testigo de las labores humanitarias y del afán de su predecesor por asistir a los que más padecieron en aquella negra etapa de la Historia. «No hay nada más injusto que atacar a una memoria tan venerable», dijo a modo de conclusión.

A partir de ahí continuó viajando. Lo hizo a la India, a Fátima, a Turquía, a Bogotá y a Medellín. También estuvo en Uganda. Llegó a visitar los cinco continentes y en cada una de sus apariciones causaba un gran revuelo mediático, ya que los medios aún no estaban acostumbrados a un papa que se prodigase tanto.

A medida que acumulaba kilómetros, sumaba más y más páginas a su saber. Y es que este papa aprovechaba sus periplos para seguir aprendiendo. Según sus allegados, fuera adonde fuera siempre lo acompañaba un séquito de libros que llevaba en maletas inmensas. Hasta setenta y cuatro volúmenes llegó a llevar consigo. Coincidirá el lector en que no puede decirse que el Pontífice viajara precisamente «ligero de equipaje».

El Concilio Vaticano II

Juan XXIII lo convocó el 25 de enero de 1959. La primera sesión se celebró en otoño de 1962 y lo presidió este papa, que sin embargo falleció de un cáncer un año después. Cuando salió elegido Pablo VI, decidió llevarlo a término, pues compartía con su predecesor la idea de «abrir las ventanas de la Iglesia». Así, celebró el resto de las sesiones, hasta que finalmente el concilio terminó el 8 de diciembre de 1965.

El encuentro representó una reforma profunda de la Iglesia para promover la fe católica, renovar la institución y propiciar un acercamiento con otras religiones y con los feligreses. Algunas de estas cuestiones se tradujeron en medidas como la aprobación de celebrar la misa en el idioma local, en vez de en latín, en abrir la Iglesia y terminar con la tradicional visión del papa absolutista e inaccesible.

52

El papa de los 33 días

FECHA: AÑO 1978. Juan Pablo I fue un papa efímero. Su vida transcurrió en un mundo marcado por los dos grandes bloques enfrentados, representados por la Unión Soviética y Estados Unidos.

LUGAR: ROMA. El conocido por algunos como «el papa de septiembre», apenas tuvo tiempo de desembarcar en la Ciudad Eterna y dejó su corta experiencia reflejada en un diario.

ANÉCDOTA: Fue el primer pontífice nacido en el siglo XX y muerto en el mismo siglo; su pontificado, no por breve, careció de hechos curiosos, y su fallecimiento alimentó diversas teorías de la conspiración.

Albino Luciani (1912-1978), Juan Pablo I, ha sido uno de los papas más fugaces de la Historia, pues solo ostentó el cargo 33 días, pero a pesar de eso fue muy intenso su pontificado.

Un hecho ocurrido once años antes de llegar al solio de Pedro marcó su papado. El 11 de julio de 1977, Luciani en un acto de las carmelitas de Coímbra, fue requerido por sor Lucía, la única superviviente de las apariciones de la Virgen en Fátima, porque necesitaba verle. La reunión duró más de dos horas, y en ellas la monja le habló de la gran preocupación que tenía por la degradación del clero y la pérdida de fe entre los fieles; sin embargo, lo más trascendente para el entonces patriarca de Venecia fue que súbitamente quedó traspuesta, y al cabo de unos momentos de silencio, bajó los ojos, luego los levantó para mirarle fijamente y le dijo con palabras que parecían venir de otro lugar: «En cuanto a usted, señor patriarca, la corona de Cristo y los días de Cristo». De pronto la mujer volvió en sí y empezó a hablarle del sol y terminó diciéndole: «Su Excelencia viene siguiendo al sol. Siga al sol». Luciani reflejó en su diario que a partir de ese día no dejó de pensar ni una sola noche en la corona de Cristo y en los días de Cristo. Respecto a este último dato, la Biblia llama «días» a los años, y el Señor vivió treinta y tres años. Él sabía que su tiempo era corto. De hecho, en la homilía del día de Navidad en San Marcos, dijo: «Que tengamos todos un feliz año 1978 o al menos los meses que Dios nos conceda de él».

Juan Pablo I en sus 33 días de papado recibió un aluvión de preocupaciones de toda índole, desde los problemas financieros de la Santa Sede (durante los últimos años, a punto de reventar), hasta las amenazas de masones, los comunistas infiltrándose en la Iglesia y los comportamientos impropios, por decirlo finamente, de las principales órdenes religiosas. Vivió angustiado y escribió: «Soy un enfermo, un hombre de otro tiempo reconcomiéndome de dudas íntimas sobre todos los problemas de la Iglesia y de toda la humanidad. Por eso tengo derecho a seguir el ejemplo de Cristo y pedir que se aparte de mí este cáliz».

A pesar de la enfermedad y el cansancio, desarrolló una gran actividad desde su llegada al Vaticano, pidió informes de todos los problemas para poderlos afrontar adecuadamente, e incluso ya pergeñaba decisiones drásticas cuando le llegó su hora. Al morir, el Papa aferraba unos papeles con tal fuerza que solo fue posible quitárselos de la mano derecha con la ayuda de dos hombres. ¿Qué decían?

Lo que ocurrió la noche de su muerte nos lo cuentan así:

A las diez menos cuarto del día 28 de septiembre, salía de su dormitorio para desear buenas noches a sus dos secretarios y tranquilizarles sobre los síntomas de opresión en la frente y en el pecho que había tenido esa tarde.

A las cinco de la mañana del sábado 29 de septiembre, como siempre, sor Vincenza había dejado una taza de café en una mesita junto a la puerta del dormitorio del Papa. Cuando volvió la monjita a las cinco y media para retirarla, se extrañó al comprobar que estaba intacta, por lo que tras llamar dos veces a la puerta sin recibir respuesta, se asomó y vio con espanto que el Papa estaba sentado en la cama, con la ropa de dormir puesta, la luz de la mesilla encendida, inmóvil la cabeza inclinada a la derecha, y unos papeles entre las manos.

A partir de ese momento empezaron las especulaciones y se desarrolló la teoría de la conspiración. Sus primeros movimientos como papa habían hecho temblar los cimientos de muchas de las tramas que se cocían en el mundo en esos días. Todas estas teorías fueron alimentadas poderosamente porque el 25 de septiembre, Aldo Manucio, hijo de un amigo del Papa, comunicó que su padre había sido asesinado: le habían encontrado ahogado en un canal con un montón de cascotes metidos en el bolsillo. El último mensaje que dejó este personaje fue para Juan Pablo I: «Estoy acosado. Que sepa el jefe que corre tanto peligro como yo. Están desesperados y van a atacar esta misma semana». Estaba infiltrado en una logia para poder informar a su amigo de las oscuras tramas que se fraguaban en su entorno.

A Juan Pablo I nunca le hicieron autopsia, pero diversos médicos realizaron un examen exhaustivo del cadáver y certificaron su muerte ¿natural?

Tiempo corto pero intenso

En sus 33 días de pontificado ocurrieron varias anécdotas relevantes. Una de ellas provenía de España, ya que un histrión español que se hacía llamar «el papa Clemente» decidió aplazar su coronación para eclipsar la del Papa de Roma.

Pero quizá la más importante que hizo correr ríos de tinta y especulaciones fue que el día 5 de septiembre tuvo una audiencia privada con Nikodim, el metropolitano de la Iglesia ortodoxa rusa. Solo tenía cuarenta y nueve años cuando el Papa se disponía a saludarle y cayó muerto en sus brazos. Este episodio también ha sido objeto de especulaciones, una de las cuales afirma que Nikodim fue envenenado porque iba a revelar a Juan Pablo I que se estaba preparando su asesinato, o el de ambos. El metropolitano tenía muchos contactos con los dirigentes del Partido Comunista soviético, y se decía que no gustaban sus últimos movimientos, que estaban en consonancia con el Pontífice.

53

El candidato de Dios

FECHA: AÑO 1978. Juan Pablo I fue el papa de la sonrisa de Dios. A pesar de sus enfermedades, asumió la pesada tarea con la alegre resignación de un mártir.

LUGAR: ROMA. Tras morir Pablo VI, había ciento quince cardenales que debían asistir al cónclave. Al final solo se reunieron ciento once al morir el de Taiwan y enfermar tres gravemente.

ANÉCDOTA: Siempre se ha dicho que su nombre lo eligió en honor de sus dos antecesores, pero le influyó poderosamente el recuerdo de su añorada y admirada madre.

El 6 de agosto de 1978 murió el papa Pablo VI y se convocó el cónclave para elegir nuevo papa. Albino Luciani (Juan Pablo I) describe en su diario cómo lo vivió todo. Lo primero que destaca es la precariedad de los aposentos de los cardenales, donde contaban con una estrecha cama, una mesita para escribir y un cuarto de baño elemental para cada cuatro cardenales.

Otra de las anécdotas narradas en su diario es que el prelado de Madrid, Tarancón, que se hospedaba cerca de él, era un caos. En sus aposentos se reunían tantos cardenales que apenas cabían. Además, decía con mucho humor que de su cuarto salía una fumata negra por el humo de los puros que ofrecía a sus amigos, puros regalados por Fidel Castro al jesuita rebelde José María Díez-Alegría. Allí empezó a cocerse su elección.

A pesar de que las apuestas decían lo contrario, salió elegido con rapidez. En la tercera votación la suerte casi estaba echada. De pronto ocurrió un hecho insólito, pues súbitamente pidió la palabra Karol Wojtyla y solicitó que los que le habían votado lo hicieran por Luciani en la siguiente votación, como así fue.

Al acabar la votación, como es preceptivo, se acercaron los tres cardenales cabeza de cada orden, los obispos, los presbíteros, los diáconos, y le pidieron la aceptación. Tras sus dudas naturales, contestó: «Que Dios os perdone por lo que habéis hecho». Aceptó.

«¿Cómo deseáis llamaros, Santo Padre?», preguntó el cardenal Villot. Con los nervios propios de la ocasión se le había olvidado el nombre que tenía pensado y tuvo que sacar un papel que leyó mecánicamente: Juan Pablo. Como apenas se le oyó porque su voz era muy baja y quebrada, se le pidió que lo repitiera más claramente, a lo que respondió más alto y seguro: «Juan Pablo». El cardenal dijo entonces: «Juan Pablo I». Esto hizo sonreír al nuevo papa, pero calló con condescendencia. No quiso corregirle diciendo que cuando se elige un nombre nuevo no se le añade el ordinal. Su respuesta fue críptica: «Sea Juan Pablo Primero, ya que el Segundo vendrá pronto».

El cardenal que manejaba las fumatas no era muy experto y en la segunda votación tuvieron que desalojar la sala porque se llenó de humo y no podían respirar, y la fumata de la elección, que debía ser blanca, salió gris, luego blanca y luego negra. Quizá otra premonición.

La misma noche de la elección le visitó en su habitación el cardenal de Cracovia, Karol Wojtyla, que fue el único cardenal que siguió tuteándole, y le preguntó: «¿Por qué Juan Pablo?». Y ahí se sinceró. Tras expresar que sin duda tenían mucha influencia sus antecesores que le habían nombrado obispo uno y cardenal el otro, y a los cuales quería engrandecer, admitió que le había venido a la mente de forma irresistible el recuerdo de su madre, a quien debía la firmeza de su fe. Y le contó: «Mi casa era un albergue familiar de montaña, con las cuatro casas casi iguales, a la vez vivienda, hórreo y corral. En ella nací, tan débil que una decidida comadrona me tuvo que dar agua de socorro a modo de bautismo, lo que hizo que estuviera sin nombre hasta que el párroco revalidó el rito bautismal». Siguiendo con su relato, explicó que los primeros días de su vida fueron los de un niño sin nombre. Cuando fue bautizado le pusieron el nombre elegido por su padre debido a que era el de su mejor amigo, que había muerto abrasado vivo al caerle encima escoria al rojo mientras trabajaban juntos en unas acerías en Essen. Su niñez la pasó arropado por el inmenso amor de su madre, haciéndole llevadera la miseria en la que vivían; entretanto, su padre, que era un obrero, a menudo tenía que emigrar para buscar trabajo. Sus necesidades eran tan precarias que hubo una época en la que él y su familia tuvieron que alimentarse de raíces. Estos orígenes y la promesa que tuvo que hacerle a su padre para que le dejara ser cura marcaron su preocupación por los pobres y desheredados de la fortuna.

Tras esta larga descripción de sus orígenes llegó al punto clave de la justificación del nombre elegido. Su madre no se resignó a la miseria de su pueblo natal, Canale, por lo que emigró primero a Suiza y luego a Venecia para trabajar allí como asistenta en las cocinas del hospital de San Juan y San Pablo, cerca de San Marcos.

Su sucesor

Siendo Luciani patriarca de Venecia, una multitud de disgustos e ingratitudes le sumieron en una profunda depresión en 1975, que le hizo solicitar al Papa que le permitiera marchar a África o a una pequeña diócesis polaca. Gracias a Karol Wojtyla y al cardenal de España, amigos suyos, que le recomendaron la lectura de «Noche oscura» de san Juan de la Cruz, logró salir de esa depresión.

En su diario cuenta que un verano pasó sus vacaciones en la abadía de Pietralba acompañado por el cardenal de Cracovia. Tenían grandes conversaciones después de los paseos vespertinos que lo dejaban totalmente agotado, pues Wojtyla desbordaba vitalidad subiendo montañas.

Pero quizá lo más significativo de esta amistad es que Juan Pablo I le dejó a su amigo una copia de su diario del papado y, curiosamente, dejó dicho que el original fuera a su sucesor. Por tanto, ambos recayeron en Juan Pablo II.

54

El papa con vocación periodística

FECHA: AÑOS 1912-1978. Juan Pablo I durante toda su vida desarrolló una faceta personal muy destacada, la de escritor. Escribió muchas cartas ficticias: a Jesús, al rey David o a Pinocho.

LUGAR: CANALE-VENECIA-ROMA. La faceta comunicativa y las dotes literarias fueron sus obsesiones; necesitaba llegar a la gente a través de su pluma, que era sencilla y accesible.

ANÉCDOTA: Sus dotes de periodista le causaron en los pocos días que duró su papado numerosos problemas con el periódico oficial del Vaticano, *L'Osservatore Romano*, acostumbrado al oficialismo.

Juan Pablo I llevó varios diarios durante toda su vida en los que fue reflejando sus vivencias y su pensamiento, lo que ha resultado muy útil para quienes han querido conocer más de cerca a este fascinante personaje de la historia de la Iglesia y, en especial, a su cortísima pero intensa etapa final, la de los 33 días de papado.

Luciani era un lector empedernido, de eso no hay duda. Así, su vasta colección de libros constituía su tesoro inseparable y se cuenta que a lo largo de su vida fue capaz de desprenderse de cualquier bien material por muy significativo que fuera, menos de los libros.

Podemos destacar, como ejemplo de su poco apego, cierta ocasión en la que siendo patriarca de Venecia sus oficinas estaban llenas de desheredados de la fortuna, y este, llevado por el más puro instinto de caridad, quiso conseguirles alimentos. De modo que decidió vender la cruz de piedras preciosas y la cadena de oro que habían pertenecido a Pío XII y que le había regalado Juan XXIII cuando accedió al episcopado.

Además, cuando llegó al Vaticano no pidió ningún mueble ni nada especial para sus aposentos, como era normal en todos sus predecesores. Su solicitud particular, además de su ropa, fue que le trajeran de Venecia, donde había morado hasta entonces, sus más de cinco mil libros, tan queridos por él.

La querencia por la lectura hizo que desarrollara una gran afición a escribir. Siempre decía que si no hubiera sido religioso, se habría dedicado al periodismo. Adoptó una forma muy curiosa de comunicarse escribiendo y era la de redactar cartas ficticias a personajes históricos y literarios. Adoptaba el personaje al que dirigía cada carta en función del mensaje que quería transmitir: si era a un niño, qué mejor que escribir a Pinocho; si era a un religioso escribía a Jesús, y así fue construyendo todo un epistolario. Todas estas cartas fueron publicadas en un libro que al ser nombrado papa se convirtió en best seller.

En su último diario se puede leer lo escrito durante el día 26 de agosto, día de su elección. Describe profusamente el camino de su afición a la lectura. Narra cómo su madre le enseñó a leer y a escribir y le mandó a los siete años a la escuela. De natural travieso, él se describe como «inaguantable» al asegurar que revolucionaba a todos sus compañeros. Ante este panorama, el párroco, de acuerdo con su pacientísima madre, decidió buscarle una afición que le tranquilizara, así que le introdujeron en la lectura. Prosigue describiendo cómo a los ocho años ya se había leído todo lo de Emilio Salgari y Julio Verne, y a los diez todo lo de Mark Twain, Charles Dickens o Gilbert Keith Chesterton. Tiene una frase muy significativa: «Me enfadé con una maestra y hasta la llamé "ladrona" porque no me devolvía un libro; era entonces aún muy desordenado, pintarrajeaba los cuadernos y los libros de clase. Pero me sentía totalmente feliz».

Durante su pontificado, como ya hemos indicado al principio, tuvo encontronazos con *L'Osservatore Romano* hasta el punto de mandar destituir a su director. A Juan Pablo I le gustaba escribir sus propios discursos y homilías, lo que no era habitual en sus antecesores, de cuya redacción se encargaba la Secretaría de Estado. Cuando leyó el primer mensaje al mundo desde la Capilla Sixtina hizo numerosas improvisaciones e incluso eliminó el plural mayestático «nos» que siempre le había molestado. Al día siguiente, el periódico publicó el discurso oficial exactamente sin ninguna de las correcciones del Papa y empleando el tono mayestático. Esto le molestó profundamente. Pero lo siguiente fue peor. La prensa tergiversó sus declaraciones. Juan Pablo I había expresado su deseo de no hacer cambios en la curia hasta no tener toda la información sobre cada uno de sus miembros; sin embargo, la noticia publicada señalaba que el Papa había confirmado a todos sus componentes. Es significativo cómo describe estas discrepancias el Papa en su diario: «Acabo de decírselo todo, algo atropelladamente, al cardenal Villot, que pide disculpas para el director del diario, a quien mis sencillas ocurrencias deben de parecer próximas a la herejía, pero le insisto a Villot en que hablo como papa y como periodista, y que si estas rutinas no se corrigen de una vez, empezaré los cambios por el *giornale* político-religioso, donde también se debe hacer periodismo real».

Al principio, muchos de sus discursos y homilías no gustaron al *establishment* de la Iglesia de entonces porque consideraban su expresión demasiado incorrecta para las costumbres de la época.

«No me gusta que salgan libros de mi casa»

El 28 de agosto andaba el Papa algo afectado por el asunto de sus desavenencias con el periódico oficial, cuando decidió tomar un café, pero no encontró a nadie, así que recorrió los pasillos en busca de una solución. Entonces llegó a la oficina contigua de su Secretaría personal. Allí encontró recogiendo sus cosas personales al que había sido secretario adjunto de Pablo VI. Tenía que ir a que le marcaran su nuevo cometido y le dijo al Papa que solo estaba llevándose sus libros, a lo que este contestó sin dudarlo: «No me gusta que salgan libros de mi casa. Quédese aquí con ellos. Necesito a alguien que conozca la casa, y además mi inglés no es muy bueno». También a este sacerdote irlandés Juan Pablo I le confesó que creía que en el cónclave debían haber elegido a Karol Wojtyla. Sus deseos no tardaron en cumplirse.

55

Juan Pablo II y el veneno

FECHA: 1979. Según el testimonio de Elena Patriarca Leonardi, hija espiritual de san Pío de Pietrelcina, alguien intentó envenenar a Juan Pablo II durante su largo y fructífero pontificado.

LUGAR: ROMA. La religiosa dejó anotado en su diario personal: «La Virgen me dijo: "Orad por el Papa, se está preparando un veneno...". Ella me mostró una jeringuilla».

ANÉCDOTA: La negra historia del veneno en los papas es legendaria, empezando por Teodoro I, pontífice entre los años 642 y 649, y siguiendo por Formoso, ambos emponzoñados.

Si sobre la muerte de su predecesor Juan Pablo I se ciernen aún hoy algunas sombras de sospecha para ciertos investigadores, la posibilidad de que Juan Pablo II resultase víctima también de un intento de envenenamiento tampoco debe descartarse del todo.

Recordemos, si no, que el sacerdote español Jesús López Sáez, en su obra *El día de la cuenta*, asegura que Juan Pablo I murió emponzoñado tras habérsele administrado una fuerte dosis de un vasodilatador. La misma tesis del envenenamiento sostiene el investigador británico David Yallop, en su libro *In God's Name* («En el nombre de Dios»).

Ateniéndonos ahora al testimonio sobre Juan Pablo II recogido por Elena Patriarca Leonardi, hija espiritual de san Pío de Pietrelcina y fundadora de la Casa del Reino de Dios y Reconciliación de las Almas de Roma, contamos con otro posible indicio de que Karol Wojtyla hubiese sufrido algún intento de envenenamiento.

Nacida el 4 de noviembre de 1910 en Avezzano, provincia de L'Aquila, Elena Patriarca Leonardi dejó escrito un diario por obediencia a su director espiritual. Advirtamos que durante más de tres décadas, esta mujer piadosa de misa y comunión diarias confesó con el padre Pío, de quien, como decimos, era una de sus hijas espirituales predilectas.

La religiosa mantuvo, según acredita ella misma y diversas personas que la trataron en vida, frecuentes locuciones con Jesús, la Virgen y el padre Pío, una vez fallecido el santo capuchino. Consignemos ahora algunas de ellas, en las que los tres personajes celestiales la previnieron supuestamente sobre los planes maquiavélicos para envenenar a Karol Wojtyla en su momento. Si alguien en el Vaticano deseaba quitarse de en medio a Juan Pablo II a los seis meses de su pontificado, ¿quién podría asegurar entonces a ciencia cierta, sin una autopsia de por medio, que no lo hubiesen hecho antes con Juan Pablo I?

Leamos ahora con atención esos mensajes anotados por Leonardi de su puño y letra en su diario personal:

> Roma, 5 de abril de 1979, a las 10.00 de la mañana: Este primer viernes de mes yo estaba en la iglesia. Cuando terminé mi oración de acción de gracias, la Virgen me dijo: «Orad por el Papa, se está preparando un veneno...». Ella me mostró una jeringuilla.
>
> Roma, 8 de abril de 1979, a las 11.30 de la mañana: Yo estaba en la iglesia de la Virgen del Amor Divino. Vi a Jesús y al padre Pío, que me dijeron: «Orad por el Papa».
>
> San Giovanni Rotondo, 14 de abril de 1979, a las 22.00 horas: La Virgen me dijo: «Reza por el Papa. Ellos le preparan un veneno para matarlo. ¡Qué dolor, hija mía! ¡Reza por el Papa y haz penitencia, hija mía!».

Añadamos, por último, que Juan Pablo II fue el papa que más atentados frustrados e intentos de asesinato sufrió durante los más de veintiséis años que rigió los designios de la Iglesia; empezando por el plan preconcebido por Fernando Álvarez Tejada para acabar con su vida mediante la colocación de una bomba en la basílica de Guadalupe (México) en enero de 1979. El mismo año, precisamente, en que Elena Patriarca Leonardi hizo las anotaciones que acabamos de leer en su diario, según las cuales pretendían emponzoñar al Papa en abril.

¿Realidad o fantasía? Sea como fuere, la historia del veneno en los papas es legendaria. Empezando por Teodoro I, que ocupó el solio de Pedro entre los años 642 y 649, y siguiendo por Formoso, emponzoñado en el 896.

Ya fuese con veneno o no, lo cierto es que intentaron matar a Juan Pablo II en varias ocasiones a lo largo de su pontificado. El 2 de octubre de 1979, mientras Wojtyla anunciaba en Nueva York su próximo viaje a Brasil, se recibió una carta anónima en la oficina del FBI de Newark avisando de un atentado contra él planeado por las Fuerzas Nacionales de Liberación de Puerto Rico. Poco después, la policía halló en un domicilio una ametralladora con munición.

Tres meses antes del fallido atentado del turco Ali Agca, el 16 de febrero de 1981, y antes de la llegada del Pontífice al estadio de Karachi, en Pakistán, se registró una fuerte explosión a escasos metros de donde iba a celebrar la Santa Misa; el terrorista falleció en el acto como consecuencia de la deflagración. El intento de Ali Agca, sin duda el que más posibilidades tuvo de acabar con la vida de Juan Pablo II en la plaza de San Pedro el 13 de mayo, no sería el último.

La muerte atroz de Formoso

El papa Formoso fue envenenado y rematado a golpe limpio porque tardaba demasiado en morir, según el doctor Roberto Pelta, autor del estudio *El arte de envenenar*. Durante el meteórico pontificado de Teodoro II, de tan solo veinte días, aparecieron en las orillas del Tíber los restos mortales de Formoso arrojados al río por orden del papa anterior, Esteban VI. Los despojos del infeliz Formoso se reintegrarían finalmente al sepulcro de donde procedían, en la basílica de San Pedro, tras su exhumación para celebrar el llamado «Concilio Cadavérico», «Sínodo del Terror» o «Sínodo del Cadáver».

Esteban VI fue precisamente quien ordenó exhumar el cadáver de Formoso con el fin de presidir el concilio celebrado en la basílica constantiniana, donde se le sometió nada menos que a un juicio *post mortem*. La ceremonia fue más propia de un cuento de terror de Edgar Allan Poe que de un sentido acto religioso.

56

La ambulancia de Juan Pablo II

FECHA: 13 DE MAYO DE 1981. La víspera del atentado de Ali Agca, mientras rociaba con agua bendita el vehículo, Juan Pablo II dijo: «Bendigo también al primer paciente que usará esta ambulancia».

LUGAR: ROMA. Tan solo veinticuatro horas después, fue precisamente él la primera persona que viajó a bordo de ese mismo vehículo sanitario, rumbo a toda velocidad al Policlínico Agostino Gemelli.

ANÉCDOTA: Juan Pablo II sufría por el cardenal Wyszynski, quien a su vez se aferraba a la vida en su lecho agónico hasta que Wojtyla estuviese a salvo.

Con motivo de la reciente festividad de San Juan Pablo II, no es ocioso retrotraerse al 13 de mayo de 1981, en la plaza de San Pedro. Consolado por Jesús y María, a quienes invocaba continuamente, se sentía Juan Pablo II a bordo de la ambulancia que le conducía a toda velocidad hacia el Policlínico Gemelli, siguiendo la indicación a gritos del doctor Renato Buzzonetti, el médico personal del Santo Padre.

El vehículo emprendió una desesperada carrera contra el tiempo por el Viale delle Medaglie d'Oro. La sirena no funcionaba y el tráfico era caótico. «El Papa —recuerda hoy el cardenal Stanislaw Dziwisz, titular de la cátedra metropolitana de Cracovia, que viajaba a su lado en la ambulancia— estaba perdiendo las fuerzas, pero todavía era consciente. Se quejaba con gemidos apagados, cada vez más débiles. Y rezaba, le oía rezar invocando a "Jesús" y a "María Santísima".»

El día anterior, Juan Pablo II había visitado el centro médico del Vaticano. A su salida, el doctor Buzzonetti le pidió que bendijese una nueva ambulancia aparcada a su lado. Mientras la rociaba con agua bendita, el Santo Padre dijo: «Bendigo también al primer paciente que usará esta ambulancia». Veinticuatro horas después fue precisamente él la primera persona que viajaba a bordo de ese mismo vehículo.

Minutos antes, a las 17.19 horas, centenares de palomas habían alzado de repente el vuelo poco después de que el jeep descubierto del Pontífice efectuase la segunda vuelta a la plaza de San Pedro, hacia la columnata de la derecha, la que termina con la Puerta de Bronce. Fue entonces cuando se oyó el primer disparo; inmediatamente después de la desbandada de palomas, se percibió la segunda detonación. Enseguida se formó un tumulto. Algunas miradas, como la del secretario personal del Papa, Stanislaw Dziwisz, se posaron en un joven de rasgos oscuros que se alejaba de allí a toda prisa.

Juan Pablo II se debatía entre la vida y la muerte, con un disparo casi a bocajarro en el estómago. Dziwisz intentaba sostener al Papa en sus brazos y comprobó que, pese a su gesto de dolor, permanecía sereno. Le preguntó: «¿Dónde?». Contestó: «En el vientre». «¿Duele?» Y él: «Duele». La primera bala le había destrozado el abdomen, perforando el colon, desgarrando en parte el intestino delgado, y luego había salido, cayendo en el jeep. El segundo proyectil, tras rozarle el codo y fracturarle el índice de la mano izquierda, había herido a dos turistas americanas.

Miembros de los servicios sanitarios del Vaticano recogieron al Papa de entre sus brazos y lo tumbaron en el suelo, a la entrada del edificio. «Solo entonces nos dimos cuenta de la cantidad de sangre que manaba de la herida causada por la primera bala», advirtió monseñor Stanislaw.

Justo cuando la ambulancia llegó al Policlínico Gemelli, el Papa perdió el conocimiento. Fue en ese preciso instante cuando su secretario se dio realmente cuenta de que su vida corría peligro. «Los propios médicos que le intervinieron —aseguró— me confesaron más tarde que lo operaron sin creer, esas fueron sus palabras, sin creer que el paciente pudiera sobrevivir.»

Trasladado a la novena planta, donde estaba el quirófano, tras unos instantes de confusión, el peor momento para Dziwisz llegó cuando el doctor Buzzonetti le pidió que administrara al Papa la unción de enfermos. Pese a ser diecinueve años más joven que el Pontífice, su secretario, polaco como él, había tenido oportunidad de tratarle desde 1957, durante su primer año en el seminario. Le amaba como a un padre. Y ahora Dziwisz acababa de recibir uno de los mayores aldabonazos de su vida.

La operación duró casi cinco horas y media. Los tres días siguientes fueron terribles. El Papa no sufría tanto por él, como por el inminente final del cardenal primado de Polonia, Stefan Wyszynski, a quien profesaba un inmenso cariño. Juan Pablo II aplicaba en parte sus dolores por el alma de Wyszynski, quien, enterado del atentado, se había aferrado a la vida en su lecho agónico hasta no tener la certeza de que Wojtyla estaba a salvo.

La última y brevísima conversación telefónica entre el moribundo cardenal, desde su residencia de Varsovia, y el Romano Pontífice, todavía convaleciente, fue dramática. Al otro lado del auricular podía oírse la voz, ya exangüe, del cardenal: «Estamos unidos por el dolor... Pero usted está a salvo... Santo Padre, deme su bendición...». Y Wojtyla, con un nudo en la garganta, sabiendo que aquellas palabras sonaban a despedida, dijo: «Sí, sí... Bendigo sus labios... Bendigo sus manos...».

«Rezo por Ali Agca»

A esas alturas, Wojtyla ya había pronunciado sus palabras de agradecimiento a la Virgen de Fátima, a quien tanta devoción profesaba, con motivo del rezo del *Regina Coeli*, el domingo 17 de mayo de 1981. Tras celebrar la Santa Misa con su secretario Stanislaw, grabó estas escuetas palabras desde el mismo Policlínico Gemelli, difundidas a mediodía por Radio Vaticano: «¡Alabado sea Jesucristo! Amadísimos hermanos y hermanas: sé que estos días, especialmente en esta hora del *Regina Coeli*, estáis unidos a mí. Emocionado, os doy las gracias por vuestras oraciones y os bendigo a todos. Me siento particularmente cercano a las dos personas que resultaron heridas juntamente conmigo. Rezo por el hermano que me ha herido, al cual he perdonado sinceramente. Unido a Cristo, sacerdote y víctima, ofrezco mis sufrimientos por la Iglesia y por el mundo. A ti, María, te digo de nuevo: "*Totus tuus ego sum*" ["Soy todo tuyo"]».

57

La mujer que vertió su sangre por Juan Pablo II

FECHA: 13 DE MAYO DE 1981. Nadie, en el claustral silencio de la celda, percibió los dos balazos invisibles que perforaron sin piedad las entrañas de la víctima inocente entre vómitos de sangre.

LUGAR: COLLEVALENZA. Amontonadas en una silla, el médico observó las toallas empapadas en sangre y torció el gesto, muy preocupado. Enseguida vino a su cabeza una sola palabra: «transfusión».

ANÉCDOTA: Solo cuando supo que Juan Pablo II estaba fuera de peligro, la madre Esperanza dejó de vomitar sangre, mientras su nivel de glóbulos rojos fue siempre normal.

Sucedió a las dos de la madrugada del 13 de mayo de 1981, el mismo día en que el turco Ali Agca se disponía a matar al papa Juan Pablo II, en la plaza de San Pedro. Por increíble que parezca, un hecho tan prodigioso casi nadie lo conoce hoy, cuando el martes pasado se celebraba la festividad de San Juan Pablo II.

Nadie había notado hasta entonces los dos balazos invisibles que se habían alojado en las entrañas de la víctima inocente. Pero lo cierto es que la madre Esperanza, de ochenta y siete años, empezó a vomitar sangre a borbotones, revolcándose de dolor en el vientre, como si acabasen de reventarle los intestinos.

Poco después, el doctor Tommaso Baccarelli llegó a la zona residencial de Collevalenza, situada a poco más de ciento veinte kilómetros de Roma, tras recibir el aviso urgente de una de las hermanas de la Congregación de las Esclavas del Amor Misericordioso. Baccarelli cogió el ascensor en la Casa del Peregrino B para subir hasta la octava planta, y no tardó en asomarse al umbral de la puerta de la celda. Comprobó horrorizado entonces el rostro pálido y extenuado de la monja que yacía en su catre; a su izquierda, sobre la mesilla de noche, había sendas imágenes de Jesús del Amor Misericordioso, cuya festividad se celebraba el día de Cristo Rey, y de María Mediadora, conmemorada en Pentecostés. Asimismo, el galeno vio las toallas llenas de sangre sobre una silla, y torció el gesto en señal de preocupación. No tardó en pensar en una solución, la única posible: una transfusión. Había que darse prisa para evitar que aquella mujer falleciese si brotaba de su boca otro torrente inesperado de sangre. Algunas hermanas de la congregación ya estaban dispuestas a donar la suya.

Baccarelli era un cardiólogo experimentado, nacido en Todi el 23 de enero de 1929, que había conocido a la madre Esperanza en 1951 y que desde 1975 se había convertido en su médico personal.

Sor Amada Pérez estaba allí y lo presenció todo. El cuerpo herido de la religiosa permanecía exánime ante sus ojos inundados de lágrimas. Nacida el 6 de febrero de 1936 en Barrientos de la Vega (León), la testigo prestó declaración el 15 de marzo de 1989 durante el proceso diocesano de canonización de la madre Esperanza, inaugurado por monseñor Grandoni el 10 de abril de 1988, el cual requirió la elaboración de cincuenta y dos volúmenes.

El acceso a la casi inexplorada *Positio* nos sirve ahora para conocer de primera mano el testimonio de sor Amada Pérez:

> Desde hacía muchos años, la Madre sufría de úlcera de estómago, a menudo sangrante, sobre todo después de haber tomado alguna medicina fuerte o un antibiótico, o después de haber comido algún alimento difícil de digerir. La úlcera sangraba cuando tenía un sufrimiento particular, como sucedió el 13 de mayo de 1981... A propósito de la hemorragia con ocasión del atentado contra Juan Pablo II, me gustaría precisar que fue tan abundante, que empapó tres o cuatro toallas enteras. Aunque eran las dos de la madrugada [del 13 de mayo], avisamos al doctor Baccarelli, que acudió de inmediato y se espantó al ver tanta sangre y a la Madre en semejante estado de postración.
>
> El doctor manifestó enseguida la necesidad perentoria de una transfusión. Por la mañana temprano ya había algunas hermanas preparadas para donar sangre.

> Pero al hacerle los pertinentes análisis a la Madre para determinar su grupo sanguíneo, antes de proceder a la transfusión, los técnicos del laboratorio comprobaron que los glóbulos rojos eran completamente normales y que, por lo tanto, no era necesaria ya aquella operación. Cuando tuvimos noticia ese mismo día del atentado contra el Papa, nos dimos cuenta del porqué de aquella terrible hemorragia.

¿Cómo era posible que, tras perder visiblemente tantos litros de sangre, la madre Esperanza conservase intactos poco después todos y cada uno de sus hematíes? No existía así ni el menor rastro de anemia. Los médicos eran incapaces de explicar lo sucedido recurriendo a la sola luz de la ciencia.

El doctor comprobó también estupefacto que las toallas apiladas sobre la silla habían moldeado, gota a gota, un pocito con su sangre en el pavimento; el camisón de la madre, las sábanas y las fundas de la almohada y del colchón estaban igualmente impregnadas de sangre.

Solo cuando supo que el Papa estaba fuera de peligro, la religiosa dejó de vomitar sangre.

El proceso de canonización

La Congregación de la Causa de los Santos designó relator del proceso a monseñor José Luis Gutiérrez Gómez, miembro del Opus Dei, bajo cuya dirección se redactó la *Positio super virtutibus* en tres tomos entregados el 12 de junio de

1993 al Dicasterio de los Santos y confiados luego a una comisión de siete teólogos, que en enero de 2002 se pronunció favorablemente por unanimidad sobre la vida ejemplar de la madre Esperanza. En marzo hizo lo mismo una comisión de cardenales y obispos.

Declarada venerable el 23 de abril de ese mismo año por Juan Pablo II, fue beatificada por el papa Francisco el 31 de mayo de 2014. En su carta apostólica, el Pontífice destacó los indudables méritos de la madre Esperanza como «fundadora de dos congregaciones de vida consagrada, testigo de la mansedumbre de Dios sobre todo hacia los pobres, y promotora de la santidad del clero diocesano».

58

El exorcismo de la plaza de San Pedro

FECHA: AÑO 1981. Angelo Gugel, una de las personas que mejor conoció a Juan Pablo II, fue quien le sujetó en brazos tras recibir los balazos que casi lo mataron.

LUGAR: ROMA. Gugel ejerció como mayordomo de Wojtyla durante veintisiete años. Discreto y leal, a sus ochenta y tres años decidió narrar algunos «milagros» que presenció junto al Papa.

ANÉCDOTA: Sobre sí mismo contó que, en el cuarto embarazo de su esposa, las complicaciones imposibilitaban que el bebé sobreviviera. El Papa intercedió y nació una niña sana.

La vida de Angelo Gugel está ligada por completo a la Santa Sede y al Vaticano. Así, empezó a trabajar allí como gendarme pontificio cuando era muy joven, en los tiempos del papa Pío XII. Luego pasó al Gobernatorado ya bajo el pontificado de Pablo VI, y su siguiente puesto fue el de mayordomo. Primero estuvo al servicio de Juan Pablo I y, tras la misteriosa muerte de este, al servicio de su sucesor, Juan Pablo II. Incluso, pese a la edad que tenía a la muerte de este último, acompañó como ayudante de cámara a Benedicto XVI, hasta que en 2006 le reemplazó en el cargo Paolo Gabriele, tristemente conocido por haber traicionado la confianza de Ratzinger en el escándalo conocido como Vatileaks.

Poco podía imaginar entonces que su sucesor iba a ser tan diferente a él. Porque si de algo podía presumir Angelo Gugel era de haber sido una persona prudente, leal y reservada. ¿Acaso esas no eran cualidades imprescindibles para quien ocupa un puesto tan cercano a alguien tan observado, dentro y fuera del Vaticano, como Su Santidad? Sin ninguna duda.

No obstante, hubo una ocasión en la que Angelo rompió su silencio. Fue en una entrevista que ofreció al diario *Corriere della Sera.* Pero lo hizo con un propósito muy concreto y totalmente desinteresado: quería dar a conocer los milagros de Juan Pablo II porque pensaba que el mundo tenía derecho a saber lo que él había podido presenciar en primera persona durante los años que pasó junto a Su Santidad. En veintisiete años da tiempo para ver muchas cosas, y en la recta final de su vida quería compartir un poco de esa experiencia con el resto del mundo.

Gugel era consciente de que algunos momentos de la vida de Wojtyla eran muy conocidos y no necesitaban explicaciones, pero otros no lo eran tanto. Incluso de aquellos que todos habían seguido atentamente por televisión podía ofrecer él muchos más detalles por haber sido un espectador privilegiado. Por ejemplo, del atentado de 1981. Toda la humanidad había estado pendiente de aquel instante y, sin embargo, nadie como él lo vivió tan de cerca. Esa vivencia le dejó una huella muy profunda porque mientras le sostenía en sus brazos, justo tras los disparos de Ali Agca, tuvo miedo de que muriera. Tanto fue así que no se atrevió a moverse del hospital hasta que le confirmaron que sobreviviría, y un enorme alivio le embargó. Le dijeron que el Santo Padre había perdido unos tres litros de sangre.

Le gustaba trabajar junto a Wojtyla. Tenía un trato amable y un gran sentido del humor. Solía llamarle cuando ensayaba sus discursos y le pedía que le señalara los errores que cometía en su pronunciación. Entonces los anotaba concienzudamente con un lápiz, apuntando también dónde debía acentuar las palabras. Luego bromeaba y decía que si más tarde cometía errores, la mitad de la culpa sería de él. Gugel no sabía si debía reírse.

Sin embargo, Juan Pablo II también sabía ponerse muy serio, como cuando trataba asuntos relativos al demonio. Gugel lo vio con sus propios ojos. Por ejemplo, presenció la templanza del Papa cuando una chica, en medio de la plaza de San Pedro, comenzó a blasfemar y a babear. La gente, horrorizada, se apartaba de ella como de la peste, pero el Santo Pontífice, impertérrito, se limitó a rezar con sus manos en la frente de la muchacha, hasta que al cabo de un rato el rostro de la joven fue recobrando una expresión de paz.

No fue esa la única vez. Quizá por ello Juan Pablo II advertía siempre de que Satanás estaba al acecho. Lo explicó muy bien Gabriel Amorth, exorcista del Vaticano, cuando habló de Su Santidad en una de sus últimas apariciones públicas. Se refirió a un discurso que Wojtyla había pronunciado en 1897 en San Giovanni Rotondo, cerca del padre Pío, otro gran enemigo del demonio. El Papa explicó que, aunque las puertas del Infierno no habrían de ganar la batalla, eso no nos libraba de las acechanzas del maligno. Y luego se encomendaba a san Miguel Arcángel con mucha fe.

Juan Pablo II no se limitó a hacer advertencias, sino que se puso manos a la obra. Recuperó el antiguo rito del exorcismo y mandó formar a sacerdotes para poder realizarlos cuando fuese necesario. Hoy en día existe la llamada Asociación Internacional de Exorcistas, reconocida por el Vaticano. Ellos son los encargados de luchar contra la posesión demoníaca en todo el mundo.

El milagro de la hija de Angelo Gugel

En la entrevista que concedió a los medios, Angelo Gugel puso cuidado para no olvidarse de narrar el milagro que Juan Pablo II había realizado en beneficio de su propia familia. El Papa sabía que él y su esposa ya habían perdido un hijo y lo dolorosa que había sido la experiencia. Por eso, cuando los médicos vaticinaron que aquel cuarto embarazo no podría llegar a buen término, el Pontífice ofreció una misa por su familia y por aquel bebé. La intercesión se produjo y cuando la niña nació sana y salva, el Pontífice exclamó: «*Deo Gratias!*».

Muchos años después, estando Wojtyla en su lecho de muerte, los Gugel fueron autorizados a despedirse de él. Cuando la pequeña de la familia, Carla Luciana Maria, se acercó hasta el Santo Padre, este, que ya estaba muy mal y no podía ni hablar, sonrió dando muestras de saber quién era ella.

59

El cuervo del Vaticano

FECHA: AÑO 2012. En el mes de enero saltaba a los medios de comunicación el escándalo conocido como Vatileaks, una palabra que resulta de la fusión de «Vaticano» y «WikiLeaks».

LUGAR: ROMA. El periodista italiano Gianluigi Nuzzi publicó correspondencia secreta del Papa y, posteriormente, un libro acerca del escándalo, la corrupción y las luchas de poder en el Vaticano.

ANÉCDOTA: La reputación de la Iglesia quedó seriamente dañada. El papa Benedicto XVI nombró una comisión para investigar lo sucedido. Sus conclusiones apuntaron a un traidor: ¡el mayordomo!

Las razones por las que Paolo Gabriele traicionó a Benedicto XVI no están del todo claras. En octubre de 2012, cuando tuvo lugar el juicio en el Tribunal del Estado de la Ciudad del Vaticano, el exmayordomo del Papa afirmó que había actuado por el solo propósito de luchar contra la corrupción y el mal que imperaban dentro de la institución. Quería provocar un cambio en la gestión de la Santa Sede. Pero ¿acaso no había otros métodos para acometer tal empresa menos dañinos para su reputación?, se preguntaron muchos en el seno de la Iglesia, los mismos seguramente que le apodaron «el Cuervo» por su actitud oportunista y traidora.

Al principio el Papa no lo podía creer. Benedicto XVI ordenó personalmente una investigación para saber cómo habían podido filtrarse documentos confidenciales y privados de Su Santidad. Quería llegar a entender cómo se había gestado eso que todos conocían ya con el nombre de Vatileaks, por analogía con el escándalo de WikiLeaks, la famosa web que se dedicó desde 2007 a publicar contenido altamente sensible relativo a actuaciones poco ortodoxas de distintos gobiernos e instituciones.

Para encontrar a los responsables, otorgó poderes a cuatro cardenales para hacer las pesquisas necesarias y averiguar cuál de entre las personas más cercanas a él era el culpable. Las conclusiones le fueron comunicadas tan pronto como se hubieron confirmado. El traidor había sido Paolo Gabriele, su mayordomo personal desde 2006, año en que el bueno de Angelo Gugel se había retirado. ¡Paolo! El papa Benedicto quedó devastado. «Los acontecimientos de los últimos días acerca de mis colaboradores han traído solo tristeza a mi corazón», declaró en su primera comparecencia tras conocerse el escándalo. También expresó su deseo profundo de ser capaz de confiar en los demás nuevamente y de superar la decepción.

Todo el asunto se expandió como la Peste Negra en el medievo. Comenzó con el programa televisivo de *Gli Intoccabili*, donde se hicieron públicas las primeras filtraciones. Se trataba de algunas cartas entre el Pontífice y Carlo Maria Viganò, que había sido secretario general de la Gobernación de la Ciudad del Vaticano y que, precisamente, había denunciado en la correspondencia con Su Santidad escándalos relativos a corrupción, prevaricación y mala gestión en el seno de la Santa Sede. Se decía que su transferencia a Estados Unidos como nuncio había tenido que ver con la denuncia que había expresado sobre la falta de transparencia en el Vaticano. Esto no hizo más que avivar el fuego de la noticia.

A partir de ese momento los medios se hicieron eco día tras día de nuevos documentos filtrados que tenían siempre como foco el Vaticano. Lavado de dinero, corrupción, una red de prelados homosexuales... nada en la Santa Sede se salvaba de la quema. Todo había quedado manchado de porquería. El cénit del escándalo se alcanzó cuando el periodista Gianluigi Nuzzi escribió ese mismo año el libro *Las cartas secretas de Benedicto XVI*, con más de cien documentos de Benedicto, algunos de los cuales nunca habían salido de los aposentos del Papa, lo que ayudó a encontrar al culpable, y este solo podía ser alguien con acceso a sus habitaciones. Pronto estuvo claro que era Gabriele el que había facilitado los documentos a Nuzzi.

En el domicilio del mayordomo se hallaron multitud de documentos fotocopiados. El ayudante de cámara del Papa fue arrestado provisionalmente por robo y posesión ilegal de documentos en el mes de mayo de 2012. En el juicio, el acusado se declaró culpable, reconoció los cargos y fue imputado. Afirmaba haber actuado solo, sin cómplices. No pretendía lucrarse con la noticia, sino poner fin a toda esa corrupción que degradaba la Iglesia. En la sentencia se le condenó a cumplir dieciocho meses de cárcel, así como a hacerse cargo de las costas del juicio.

Mientras cumplía condena, el papa Benedicto XVI fue a visitar a Gabriele. El traidor le pidió perdón y el Papa le indultó, llegando incluso a proporcionarle vivienda y trabajo en un hospital del Vaticano al salir de prisión. Asimismo, el portavoz de la Santa Sede, Federico Lombardi, criticó duramente el sensacionalismo de los medios de comunicación a la hora de cubrir la información.

Por otro lado, a pesar de la actitud serena del papa Benedicto XVI cuando hizo sus declaraciones en medio de todo el escándalo, cuando en 2013 el Pontífice renunció al solio de Pedro, muchos señalaron que había sido como consecuencia de Vatileaks, cuestión que los más allegados se apresuraron a desmentir.

Otros Vatileaks

Si la curia pensaba que los escándalos del primer Vatileaks terminaban con la detención de Gabriele en 2012, estaban muy equivocados. Como si de una trilogía se tratara, la saga de escándalos vaticanos tuvo su continuación en 2015, cuando se destapa el denominado «Vatileaks 2». En este, los implicados fueron un sacerdote español, Lucio Vallejo Balda, y una italiana llamada Francesca Chaouqui, que robaron más documentos confidenciales del Vaticano y se los filtraron a Nuzzi, el mismo periodista de la primera versión de Vatileaks. En 2019, un nuevo escándalo saltaba a la palestra con la supuesta compra de un palacete vaticano en Londres con fondos provenientes de donaciones de fieles. De nuevo los periódicos no escatimaron en titulares sensacionalistas sobre la crisis reputacional en la Santa Sede. Sin embargo, las reacciones en el otro sentido tampoco se hicieron esperar, y muchos fieles arroparon al Papa desde la plaza de San Pedro.

60

Difícil elección

FECHA: AÑO 2013. En el mes de febrero, el papa Benedicto XVI anunció su renuncia y se convocó un nuevo cónclave para elegir al sucesor. Comenzaba así un auténtico tsunami mediático.

LUGAR: ROMA. Por primera vez en seiscientos años, un papa renunciaba. Tras los escándalos del Vaticano, la idea de una reforma de la Iglesia cobraba más fuerza que nunca.

ANÉCDOTA: «He llegado a la certeza de que mis fuerzas, debido a mi avanzada edad, ya no me capacitan para el ejercicio del ministerio petrino», explicó Benedicto XVI.

Aquel mes de febrero, Jorge Bergoglio, arzobispo de Buenos Aires, se preparó para estar tres semanas fuera de casa. Sacó el billete de vuelta para el día 23 de marzo, convencido de que para entonces todo habría terminado. En este cónclave no era uno de los candidatos favoritos, su tiempo había pasado. En 2005, muchos le consideraban papable y competía en votos con Joseph Ratzinger, pero él mismo había pedido a los otros cardenales que no le votaran.

Y es que Bergoglio tenía una edad, setenta y seis años. Los años pesan y traen consigo ciertos achaques y un cansancio que lo habían hecho proyectar con deleite su retiro a un hogar de mayores, lejos del mundanal ruido. De modo que su mente estaba más en la jubilación que en iniciar un pontificado.

Por lo tanto, fue a aquel encuentro en Roma sin tensión alguna. El conocido como «obispo de los pobres», por haber hecho siempre gala de diálogo y cercanía con colectivos desfavorecidos y visitas a las villas o barrios marginales, no figuraba ahora en la lista de «papables». Otros nombres sonaban con fuerza: Sodano y Bertone. Ambos querían impedir la elección de Scola, arzobispo de Milán, quien sonaba como sucesor natural de Benedicto.

Sin embargo, los reformistas tenían otros planes muy distintos. El cardenal británico Cormac Murphy-O'Connor vio la oportunidad de elegir a un papa que pudiera acometer las reformas que la Iglesia, enferma, precisaba. En las cenas de los cardenales empezó a promover a su candidato, sin preguntarse en su particular campaña si este, llegado el momento, se mostraría de acuerdo en aceptar.

Para los reformistas, Bergoglio combinaba la capacidad de liderar o el carisma suficiente para ser cabeza de la Iglesia, con la austeridad y la humildad de quien ha vivido la Iglesia más local. Era el hombre que la institución necesitaba en aquel momento. Los que podían tener algún atisbo de duda se convencieron cuando oyeron su discurso, frente a la Congregación General, antes del cónclave. En apenas tres minutos y medio se hizo entender con un potente mensaje que dejó clara su postura: «La Iglesia está llamada a salir de sí misma e ir hacia las periferias, no solo las geográficas, sino también las existenciales, las del misterio del pecado, las del dolor, las de la injusticia, las de la ignorancia y la prescindencia religiosa, las del pensamiento, las de toda miseria».

Con estas frases sencillas, alejadas del discurso grandilocuente o del manido tema de la corrupción y la podredumbre del Vaticano, Bergoglio volvía la atención sobre la necesidad de recuperar el sentido de la Iglesia evangelizadora, enferma por un llamado «narcisismo teológico» que desvirtúa su propósito. Además, hizo uso de una expresión que empleaban los primeros cristianos cuando decían que la Iglesia era *mysterium lunae*, el misterio de la luna, al ser un astro que no emite luz pero brilla al reflejar la luz del Sol. Pues lo mismo la Iglesia debe reflejar no su propia luz, sino la de Cristo.

Con un lenguaje sencillo, Bergoglio se hacía entender y devolvía la ilusión a sus compañeros, que empezaron a ver en él exactamente lo que necesitaban. Cuando el cónclave dio comienzo, él estaba en paz, como si hubiera asumido que esa era la voluntad de Dios: hacer de aquel campechano párroco, austero y cocinillas, amante del fútbol, del mate, del tango, de Borges y de otros autores clásicos, su nuevo representante en la Tierra.

Cuando los escrutadores pronunciaron su nombre, se oyó el suspiro colectivo y los ojos se volvieron al argentino. Mientras Bergoglio pensaba en el nombre para su pontificado y le daba vueltas a tan difícil elección, el cardenal brasileño Cláudio Hummes le besó y susurró bajito: «No te olvides de los pobres».

Ahí fue cuando lo tuvo claro. La imagen que le vino a la cabeza y al corazón fue la de san Francisco de Asís, el *poverello*, quien a su vez también reparó la Iglesia. Cuando le formularon la pregunta de si aceptaba la elección como Sumo Pontífice, Bergoglio aceptó y añadió: «Aunque soy un gran pecador». Luego le preguntaron por el nombre y, con voz firme, expresó su deseo de llamarse Francisco. Los cardenales quedaron sorprendidos por ese nombre atípico, digno de un papa atípico, pero enseguida comenzaron los aplausos.

Atípico fue desde el principio su papado. No quiso la mayoría de las prebendas, ni las joyas, ni los zapatos rojos, ni los lujosos apartamentos papales. Él sería un papa austero.

Muchos no lo entendieron.

La llamada

Cuando, en febrero de 2013, Bergoglio tenía todo dispuesto para su viaje a Europa, recordó que le faltaba una última gestión. Descolgó el teléfono y marcó el número de Daniel del Regno, el quiosquero de la plaza de Mayo de Buenos Aires. Le anunció que volvía en doce días y que, por favor, le siguiera enviando con normalidad el periódico al que estaba suscrito, hasta su vuelta. Sin embargo, no salieron las cosas como el porteño tenía planeado.

Tan solo unos días después, el ya electo papa Francisco volvió a marcar aquel número. Esta vez desde el Vaticano. Descolgó Luis, el hijo del quiosquero. Pensando que era una broma de su amigo Mariano, le contestó: «¡No seas boludo!». El Papa insistió y no perdió la ocasión de agradecerle a Del Regno su servicio durante todos aquellos años en los que habían compartido mil anécdotas. Al oír sus palabras, el quiosquero, emocionado, rompió a llorar.

61

El efecto Francisco

FECHA: AÑO 2013. Francisco sorprendió con su espontaneidad y por saltarse los rígidos protocolos. Federico Lombardi, portavoz de la Santa Sede, declaró: «Tendremos que acostumbrarnos a nuevas formas de hacer las cosas».

LUGAR: ROMA. Mientras algunos ensalzan su estilo directo con la gente, otros lo critican por desmantelar el papado más solemne y monárquico. En todo caso, nadie permanece indiferente.

ANÉCDOTA: Al acabar su primera misa como papa, ya en la salida fue saludando uno por uno a los asistentes. Los medios no tardaron en apodarle «el párroco del mundo».

Tras el cónclave de 2013 soplaron con fuerza vientos de cambio. Así lo esperaba la multitud de fieles que aguardaban en la basílica de San Pedro. REPARA MI IGLESIA, rezaban sus pancartas en relación con Francisco de Asís, el santo a quien el Papa había querido homenajear con su nombre.

Y es que Francisco, efectivamente, quería ser el papa de los pobres, pero también de los desfavorecidos, el papa de todos. Lo hizo evidente muy pronto, al hablar en sus discursos de una Iglesia evangelizadora y que retorna a sus orígenes, de una Iglesia hacia fuera, no metida en sí misma. Ese sería el eje de su pontificado.

Comenzó esa labor predicando con el ejemplo. Sus gestos calaron en la opinión pública antes incluso que sus palabras. La gente le vio mezclarse, besar, abrazar e interactuar con los fieles, con los enfermos. «Ellos son Iglesia», parecía querer decir. La Iglesia son las personas, y esa idea es contraria al clericalismo y la pompa. Su mensaje inclusivo acercó a los más tibios en cuestiones religiosas a escuchar con curiosidad lo que el argentino tenía que decir. Los que no cumplían todas las normas, que nunca han podido participar de la Fiesta de la Liturgia, sentían que ahora tal vez podían encontrar un hueco.

Muchos quisieron ver en aquello una puerta a cambios en la moral cristiana. Sin embargo, el Papa les avisó: no venía a hablar de relajación moral ni de cambios doctrinales de esa naturaleza (en eso afirmó no pensar muy diferente a sus predecesores); él venía a recordar las enseñanzas de Jesús, porque el mensaje de Cristo nos invita a caminar juntos y nunca excluye a nadie, ni siquiera a los leprosos ni a las prostitutas.

Pero, además de su cercanía y afecto al pueblo, el Pontífice hizo gala también de una inusual austeridad. Renunció a los apartamentos papales y decidió instalarse en una de las habitaciones de Santa Marta, mucho más austeras, sin ninguna duda. Se dejaba ver comiendo con todos los demás, conduciendo él mismo coches mucho más sencillos y recortando gastos con mano firme en el Vaticano.

Sus gestos. Son de nuevo sus gestos. Son ellos los que hacen que pronto brote lo que se conocerá como «el efecto Francisco», una expresión que se usa para hacer referencia a esa especie de efecto revolucionario que aconteció tras la elección de Bergoglio. Cabe recordar que justo antes de la renuncia de Benedicto XVI la Iglesia se vio profundamente afectada por el ya referido escándalo de Vatileaks en el que los asuntos que se filtraron a la prensa hacían referencia a las cloacas más profundas de la institución: abusos sexuales, lavado de dinero y corrupción eran algunas de las lindezas que llenaban los titulares. Herida de muerte, así había quedado la Santa Sede tras esos escándalos.

Con el papa Francisco, la imagen de la Iglesia cambió a una velocidad absolutamente vertiginosa. Las encuestas demostraron que las parroquias se habían visto de pronto atestadas de fieles que acudían a misa, que se confesaban, que querían creer en el mensaje de Bergoglio.

La revista *Time* comenzó a incluirle entre las personas más influyentes. La cuenta de Twitter @Pontifex echaba chispas y batía récords de seguidores. ¡Incluso el perfil en latín!

Sin embargo, en la curia no todos contemplaban la situación con el mismo punto de vista. La facción más conservadora no estaba satisfecha con las formas progresistas de Francisco y con algunas de sus declaraciones, que consideraban poco oportunas. A esa visión más crítica no le hacía ningún favor las *fake news* y los montajes que aparecieron y que cortaban algunas secuencias de sus discursos para que pareciera decir cosas que no decía. La controversia estaba servida.

A pesar de todo, el Papa seguía convencido de que el camino era el correcto, aunque intentara modular la intensidad y las formas. «Debemos buscar la conversión de los corazones al Señor, debemos defender a la familia, hagamos ruido en las diócesis, vivamos la Iglesia», continuaba diciendo en algunas de sus apariciones. Y no dudaba en repetirlo ante cualquiera, incluso en Davos, delante de todos los políticos de turno. A ellos también los exhortaba al cambio.

Mientras todo este efecto tiene lugar, una figura lo observa todo desde un discreto segundo plano. Se trata del papa emérito Benedicto XVI. Él, a pesar de que representa a la parte más conservadora de la Iglesia, supo entender que ese cambio era necesario y, demostrando una gran valentía, lo hizo posible con su renuncia.

Orden en el Vaticano

Además de los gestos, el Papa era consciente de que tenía que acometer también algunas reformas en la curia romana, salpicada por los escándalos de corrupción y por los rumores de que el Vaticano era un nido de traidores y de luchas de poder. Para ello, en primer lugar decidió nombrar un consejo de cardenales cuya función era asesorarle. Se conoció como el C8 y estaba compuesto por prelados de muchas nacionalidades.

Adicionalmente, se propuso dejar las finanzas del Vaticano limpias como una patena. Quería una banca transparente y saneada. Para esto no dudó en contratar a diversas empresas expertas y a reputados profesionales para auditar y analizar la situación de las cuentas de la Santa Sede. A pesar del empeño que puso en todo ello, no pudo evitar en cambio que bajo su pontificado surgieran nuevos escándalos de corrupción y de tipo financiero que constituyeron la continuación de Vatileaks.

Bibliografía

Libros

Alighieri, Dante, *Divina Comedia*. Versión poética de Abilio Echeverría, Alianza Editorial, Madrid, 2015-2018.

Amat de Palau y Pont, *Tratado de la Iglesia de Jesucristo o historia eclesiástica*, volumen 7, Imprenta de Benito García y Compañía, 1806 (Google Books).

Ballester, Rafael, *Historia de los Papas*, Bruguera, Barcelona, 1972.

Beynon, Dr. Frederick L., *Historia de los Papas. Glorias y fracasos de la Iglesia*, Gaviota, Barcelona, 1987.

Canal Historia, *Las grandes profecías de la historia*, Plaza & Janés, Barcelona, 2011.

D'Ambrosio, Marcellino, *Cuando la Iglesia era joven: las voces de los primeros Padres*, Palabra, Madrid, 2016.

De la Cierva, Ricardo, *El diario secreto de Juan Pablo I*, Planeta, Barcelona, 1991.

García Blanco, Javier, *Historia oculta de los Papas*, Akasico Libros, Barcelona, 2010.

HARRIS, Enriqueta, *Complete Studies on Velázquez*, CEEH, Madrid, 2006.

IVEREIGH, Austen, *El gran reformador. Francisco, retrato de un papa radical*, Ediciones B, Barcelona, 2015.

LABOA GALLEGO, Juan María, *Historia de los Papas actualizada. Entre el Reino de Dios y las pasiones terrenales*, La Esfera de los Libros, Madrid, 2005-2013.

LANFREY, Pierre, *Historia política de los Papas. El terrible poder de la Iglesia Católica a través de los tiempos*, Producciones Editoriales, Barcelona, 1976.

MELGAR, Luis Tomás, *Historia de los Papas. Santos y Señores*, LIBSA, Madrid, 2004.

NOVELL, Hannia, *Juan Pablo II. El Santo que caminó entre nosotros*, Urano, Barcelona, 2014.

OLAIZOLA, José Luis, *Juan XXIII. Una vocación frustrada*, Bibliotecaonline, Madrid, 2015.

PEREDA, Javier; BARRIO, Maximiliano; RAMOS-LISSÓN, Domingo; SUÁREZ, Luis, *Diccionario de los Papas y Concilios*, Ariel, Barcelona, 1998.

Pío II, *Así fui Papa*, Argos/Vergara, Barcelona, 1980.

PLINVAL, George de; PITTET, Romain, *Historia Ilustrada de la Iglesia*, EPESA, Madrid, 1956.

SARRADELL ALMIRALL, Pedro, *Iglesia versus masonería*, Punto Rojo Libros, Sevilla, 2018.

Sentencia de Galileo Galilei, *Sentencia del Tribunal de la Inquisición*, 22 de junio de 1633.

SUGRUE, Francis, *Los Papas del mundo moderno*, Círculo Azul, Barcelona, 1962.

VOLKOFF, Vladimir, *El invitado del Papa*, Ciudadelalibros, Madrid, 2006.

Audiovisuales

Documental *El efecto Francisco*, de Goya Producciones, marzo, 2014.

Documental *Historia de la Iglesia Católica*, LUCE, con el patrocinio de la Comisión Pontificia por los bienes culturales de la Iglesia, producción Francesco Pamphili.

Documental de la Iglesia Católica (Canal Documentales), 2016.

Fuentes internet

aciprensa.com

aletheia.org

enciclopedia católica (es.catholic.net)

wikipedia.org

Enlaces

https://elpais.com/internacional/2017/07/03/actualidad/1499070808_255334.html

https://www.lastampa.it/vatican-insider/es/2018/04/23/news/el-mayordomo-de-tres-papas-cuenta-un-milagro-de-wojtyla-1.34009091

https://www.religionenlibertad.com/cultura/21409/los-exorcismos-de-juan-pablo-ii-en1982-y-2000-fueron.html

https://www.lavanguardia.com/motor/20190826/464225054339/prueba-seat-panda-papamovil-video-historico-coche-juan-pablo.html

http://www.revistaturbo.com/fotos/los-papamoviles-mas-emblematicos-72#/0

https://www.abc.es/historia/abci-sinodo-terror-macabro-juicio-celebro-papa-cadaver-putrefacto-antecesor-201510300423_noticia.html

https://www.autobild.es/reportajes/los-coches-del-papa-152245

https://www.abc.es/historia/abci-sinodo-terror-macabro-juicio-celebro-papa-cadaver-putrefacto-antecesor-201510300423_noticia.html

https://www.abc.es/historia/abci-profetica-tumba-papa-maldito-pacto-diablo-201512300154_noticia.html

Índice onomástico